Where the Sidewalk Ends

Where the Sidewalk Ends

人行道的尽头

〔美〕谢尔·希尔弗斯坦 文/图

叶 硕 译

南海出版公司

▲ 本书在编辑过程中得到著名儿童文学家任溶溶的大力协助，其中《我们两个》、《人行道的尽头》由任溶溶翻译。特此说明。

著作权合同登记号　　图字：30-2003-061

WHERE THE SIDEWALK ENDS by Shel Silverstein
Copyright © 1974 by Evil Eye Music, Inc.; renewed 2002 by Evil Eye, LLC
Published by arrangement with Estate of Shel Silverstein
through Edite Kroll Literary Agency Inc.
through Bardon-Chinese Media Agency
ALL RIGHTS RESERVED

给
厄休拉
……

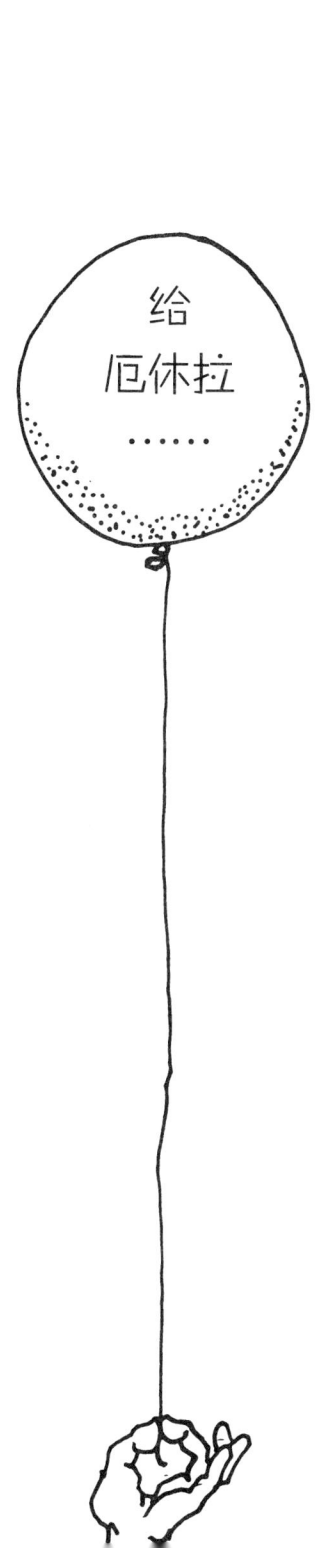

Where the Sidewalk Ends

邀请

如果你有梦想,请进,
如果你有梦想,如果你爱说谎,
如果你喜欢祈祷,如果你充满希望,如果你会花钱买一颗魔豆……
如果你会装模作样,请你坐到我的火堆旁,
我们来编织一个金色的弥天大谎。
请进!
请进!

杂耍演员

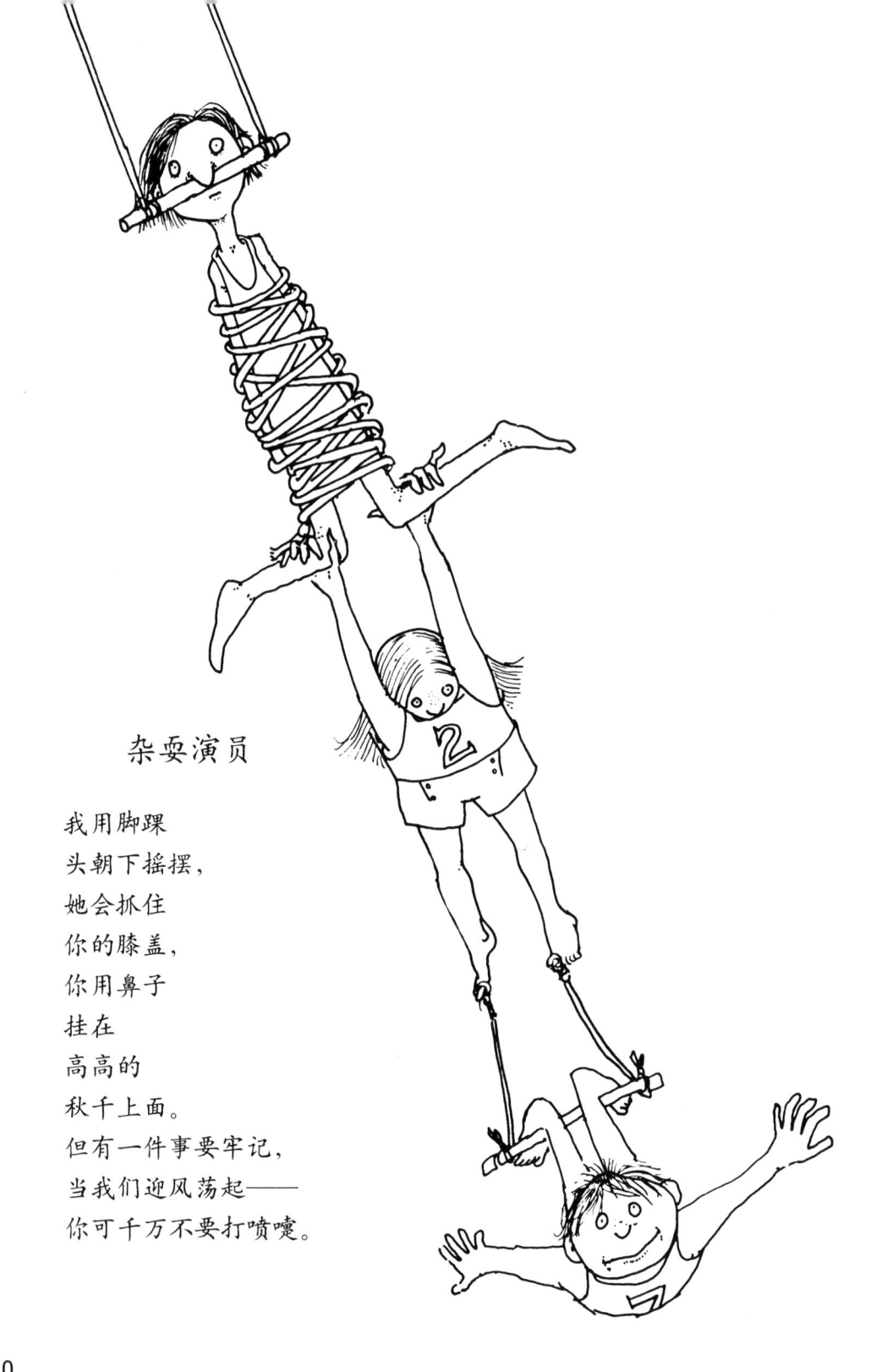

我用脚踝
头朝下摇摆,
她会抓住
你的膝盖,
你用鼻子
挂在
高高的
秋千上面。
但有一件事要牢记,
当我们迎风荡起——
你可千万不要打喷嚏。

魔法

桑达见到了妖精，
埃迪碰到了怪物，
劳丽曾和女巫跳过舞，
查理找到了小鬼的宝物。
唐纳听过美人鱼唱歌，
苏茜瞧见了侏儒，
但我所知道的一切魔法，
都得我亲自做出！

自制的小船

这只小船我们亲手打造——
千万别对我们说它不好。
船舷船尾都是那么完美——
只是船底我们不小心忘掉……

鲸鱼号

我必须记得

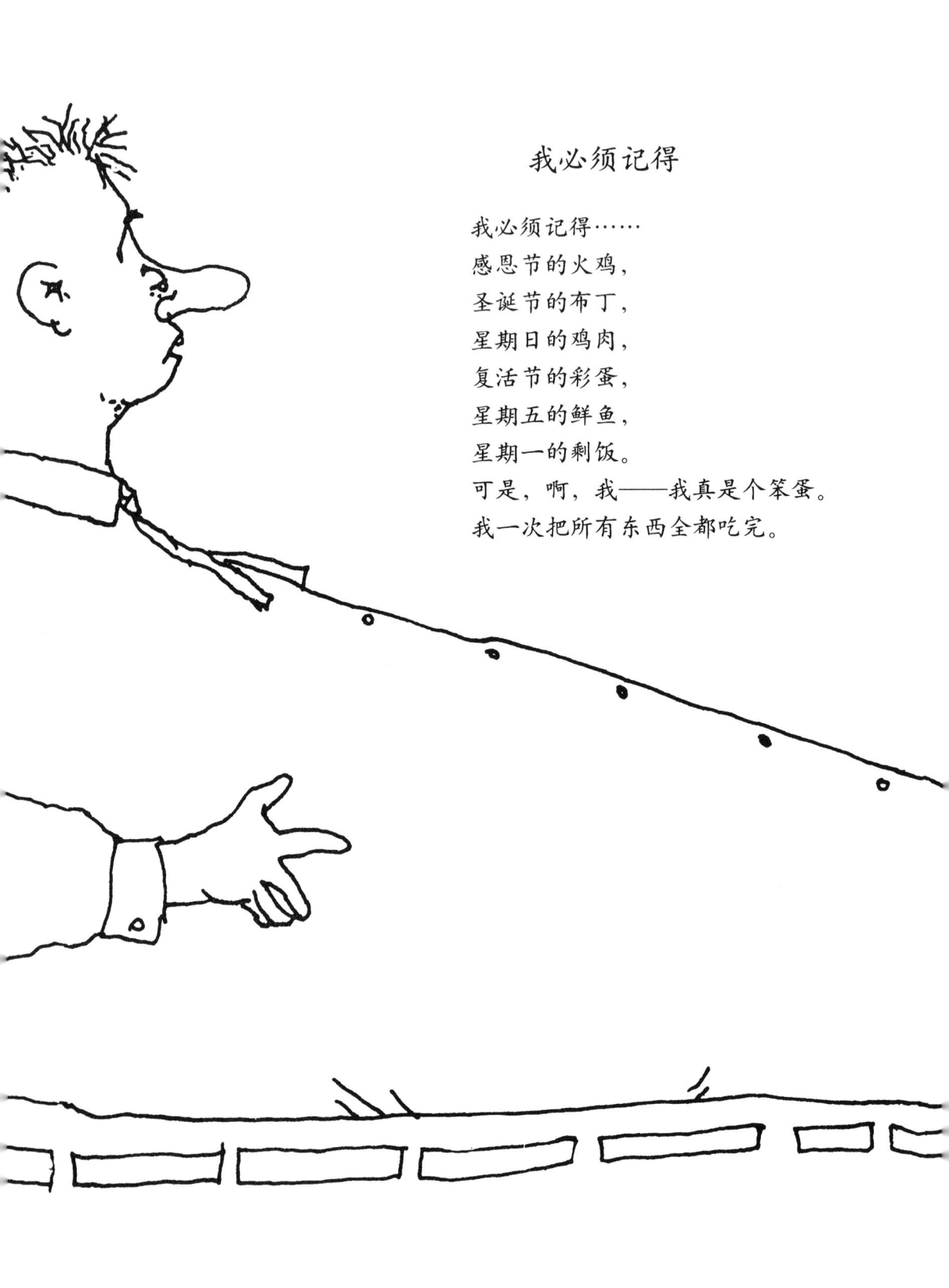

我必须记得……
感恩节的火鸡,
圣诞节的布丁,
星期日的鸡肉,
复活节的彩蛋,
星期五的鲜鱼,
星期一的剩饭。
可是,啊,我——我真是个笨蛋。
我一次把所有东西全都吃完。

七月四日

哦
啪!
天哪
嚓!
今天
哪!
是
仓!
七月
呼!
的
扑!
第四天!
哟!

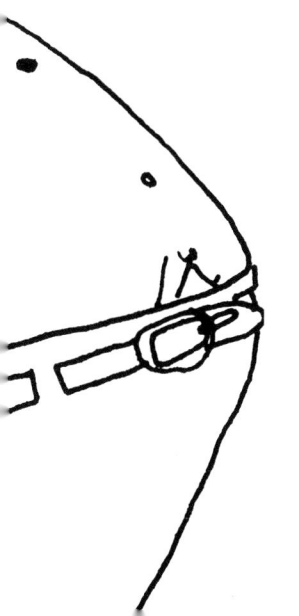

挠我，腌我，还有抠我

挠我，腌我，还有抠我，
乘坐那飞鞋出去旅游。
"万岁！"
"好玩！"
"我们飞了！"
挠我，腌我，还有抠我一起说。

船长是挠我，船员是腌我，
抠我负责煮咖啡，还把蔬菜炖肉来做。
他们飞得
越来
越高，
他们是挠我，腌我，还有抠我。

挠我，腌我，还有抠我，
飞过太阳，来到蓝天之上。
"坐好！"
"抓牢！"
"但愿我们能做到！"
挠我，腌我，还有抠我一起大叫。

挠我，腌我，还有抠我，
再也没有回到故土，
没有人
知道
他们怎么样，
亲爱的挠我，腌我，还有抠我。

虎钩船长

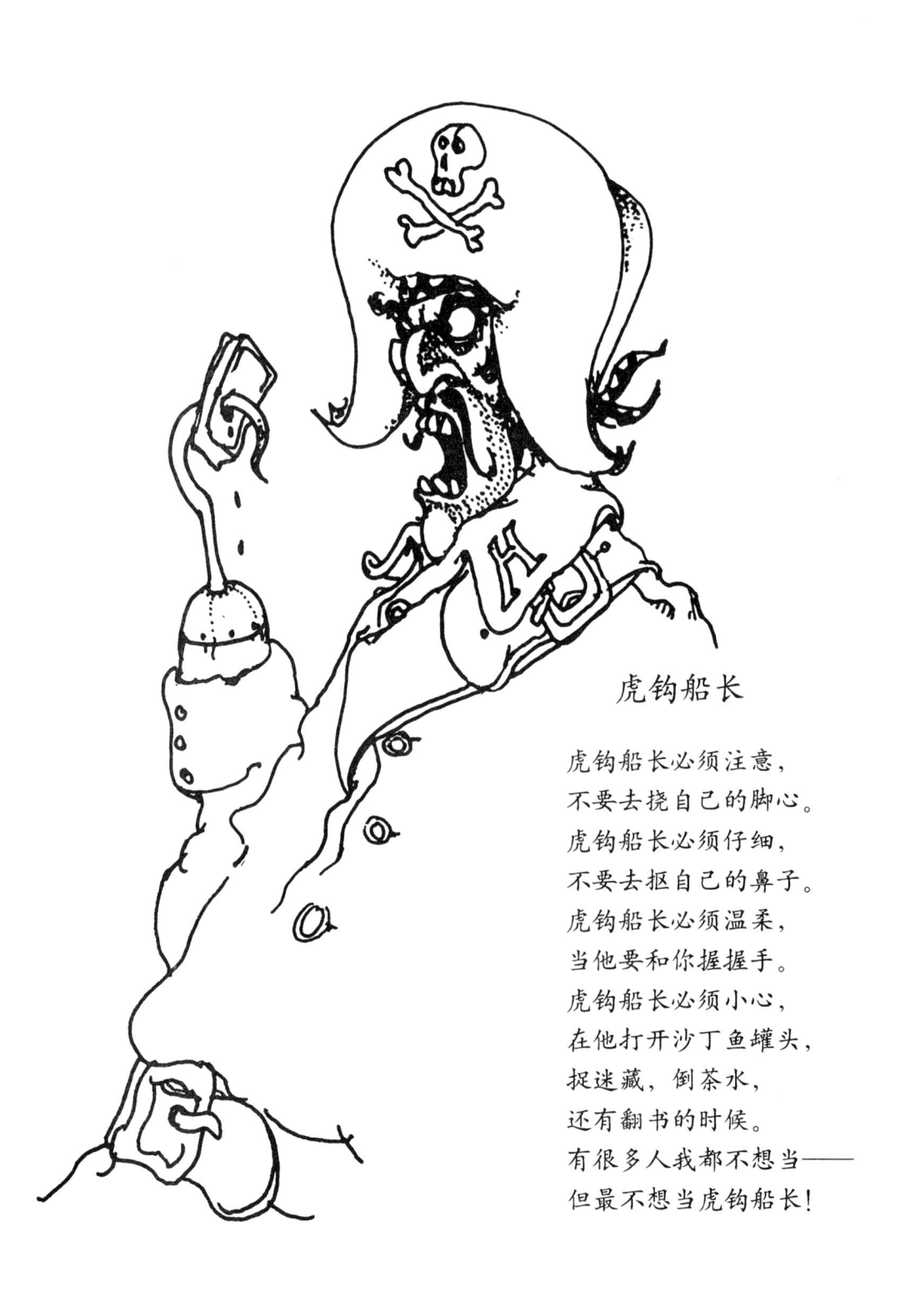

虎钩船长必须注意,
不要去挠自己的脚心。
虎钩船长必须仔细,
不要去抠自己的鼻子。
虎钩船长必须温柔,
当他要和你握握手。
虎钩船长必须小心,
在他打开沙丁鱼罐头,
捉迷藏,倒茶水,
还有翻书的时候。
有很多人我都不想当——
但最不想当虎钩船长!

拔河,还是拥抱?

我不要玩"拔河",
我觉得玩"拥抱"更好,
这样人们就不再拔河,
而会互相拥抱。
人人在地毯上打滚,
人人都咯咯大笑,
人人都互相亲吻,
人人都相互微笑,
人人都搂在一起,
人人都获得胜利。

这里很黑

我正在狮子肚子里
写下这些诗句,
这里实在是黑得可以。
所以请原谅
我那恐怕不太清楚的笔迹。
只能怪今天下午
我离那狮子笼太近。
我正在狮子肚子里
写下这些诗句,
这里实在是黑得可以。

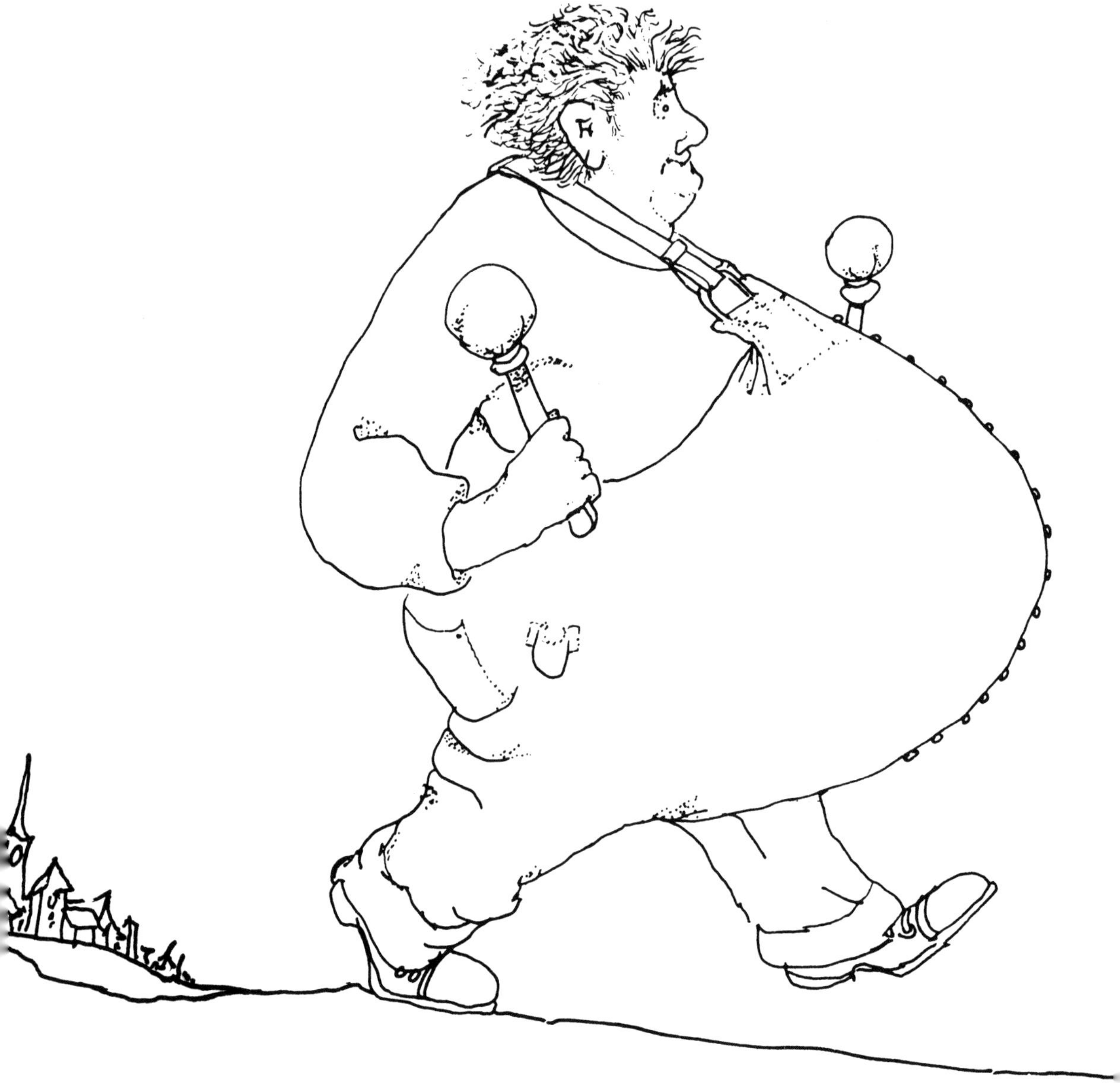

"我们"管弦乐队

既然你没有大鼓,那么你就敲敲肚肚。
我来吹吹我的鼻子——既然我没有喇叭。
既然我们没有大钹——
我们就把双手拍拍吧!
虽然也许有的乐队
演奏得更加好听,
可他们一定花了不少钱
去买那亮闪闪的乐器——
嘿,看我们用自己的身体
演奏出双倍美妙的声音!

旗帜

一颗星是阿拉斯加……
一颗星是内布拉斯加……
一颗星是北达科他……
一颗星是明尼苏达……
还有好多其他的星星,
但它们是什么我已经忘啦!

颜色

我的皮肤是带点儿棕色,
带点儿粉色,带点儿黄色的白色。
我的眼睛是带点儿灰色,
带点儿蓝色的绿色,
可我听人说夜里它们是橙色。
我的头发是带点儿红色,带点儿金色的棕色,
湿了的时候它是银色。
至于我肚子里的那些颜色,
这世界上从来没有过!

丢了

妈妈说我会把脑袋丢掉
如果它没有系牢。
今天恐怕就是如此
当我正在和表弟打闹。
它掉在地上乱滚乱跑
现在再也找不到。

因为眼睛在它上面,
所以我不能把它寻找;
因为嘴巴在它上面,
所以我不能冲它喊叫;
(因为耳朵在它上面,
即使它说话我也听不到;)
因为大脑也在里面,
我甚至没法把它思考。
我想,我还是在
这块石头上坐坐,
休息片刻……

乔伊

乔伊用石头
把
那
太阳
砸下!
呼! 它重重地
落在地下,
嘭! 它弹到
他的后院里,
哪! 它砸到
他的脚上!
世界变得黑暗,
风儿不再怒吼,
庄稼不再生长,
公鸡不再啼叫,
天空永远是晚上,
晚上,
晚上。

这一切的罪魁祸首
都是乔伊
和那块石头。

听听那些"不许"!

孩子,听听那些"不许",
听听那些"不要",
听听那些"不该",
那些"不可能",那些"不会"。
听听那些"从来就没有过",
然后仔细听我说——
任何事都可能发生,孩子,
任何事都会成为可能。

吉米·杰特和他的电视机

我给你讲个吉米·杰特的故事——
你知道我讲的都是事实。
他几乎和你们一样,
喜欢坐在那里看电视。

他白天看,晚上也看,
他逐渐变瘦,脸色灰暗,
从《清晨秀》一直到《晚间论坛》,
中间所有的节目他都要看。

他一直看到眼睛变宽,
他的屁股和椅垫粘连。
他的下巴变成了按钮板,
他的头发里还长出了天线。

他的脸变成了电视屏幕,
他的大脑变成了显像管。
两个旋钮"音量"和"开关",
在他以前长耳朵的地方出现。

他长出了尾巴一样的插头,
于是我们把小吉米通了电。
现在看电视的不再是他,
我们围成一圈把他看。

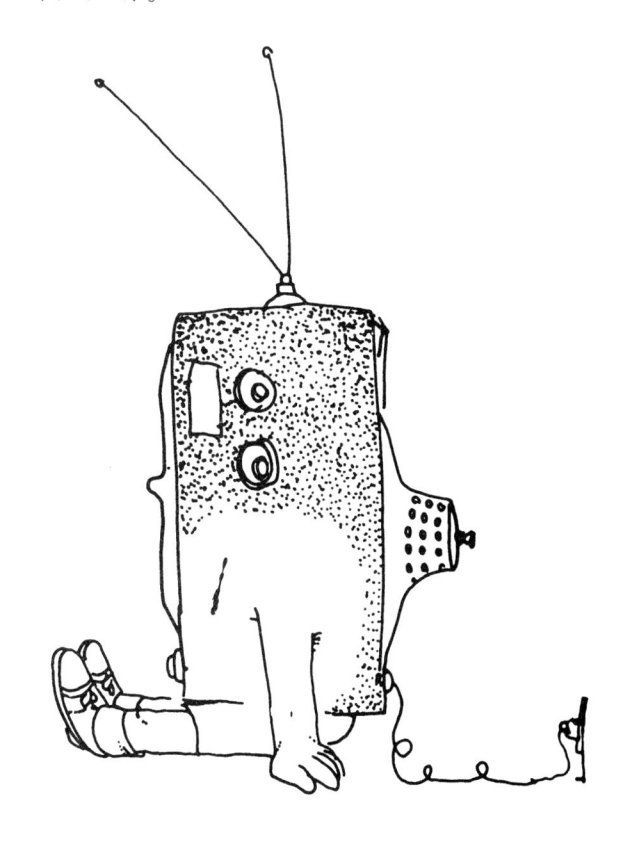

早起的鸟

哦,如果你是小鸟,你一定要起早,
把那虫虫捉到,好把早饭吃饱。
如果你是小鸟,你一定要起早——
可如果你是虫虫,最好睡个懒觉。

天空调料

天空的一角
碎了,往下掉。
穿过天花板的裂缝,
掉到我的扁豆汤中,
嘭!
我不得不承认
我对扁豆汤非常痛恨,
可这次我把每一滴
都咽到肚子里!
真是美味,美味,
(就是有点像石灰)
上帝保佑,味道真好——
这样的扁豆汤,
一"湖"我都能喝掉。
原来这天空的调料
竟然这么美妙。

农夫和王后

"她来了,"农夫冲猫头鹰喊,
"哦,我怎么办,我怎么办?
她来了,我是该鞠上一个躬,
还是站在那里把手指摆弄?"
　　猫头鹰问:"谁?"

"王后,王后,王宫里的王后——
她今天要从我的农庄路过。
我用不用敬礼?"他问马儿。
　　"不用。"马儿说。

"我用不用送她礼物?"他向小鸟求助,
"漂亮的纪念品是否合适?
鸡蛋、玉米,还是桃子?"
　　鸟儿说:"越便宜越合适。"

"我该欢呼,还是该弯下膝盖?
她的马车已经跑过来。"
他问小狗,"我到底怎么办?"
　　小狗说:"鞠个躬最合算。"

于是他鞠躬弯腰,而她也已经走掉。
"哦,啦啦啦啦,
她真的在微笑!"他冲绵羊大叫。
"呸!"绵羊答道。

煎饼

有谁要吃煎饼？
滋滋甜，滚滚烫。
听话的格蕾丝说：
"我要上面的那一张。"
还有谁要吃煎饼？
刚刚才拿下烤架。
开口的是可怕的特丽莎：
"麻烦把中间那一张拿下。"

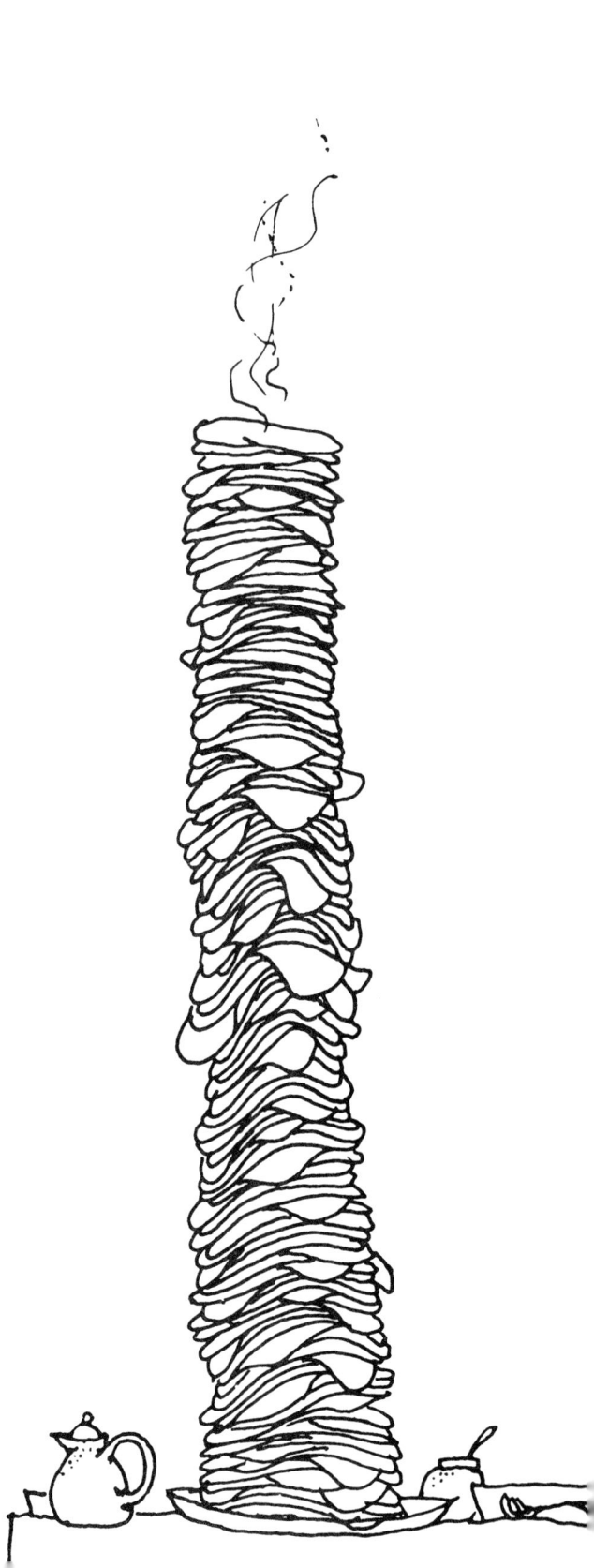

聪明

爸爸给了我一块钱，
因为我是他最聪明的儿子，
我拿它换了两个两毛五，
因为两个总比一个更划算！

我拿着两个两毛五分钱，
和鲁鲁做了交换，
得到了三个一角硬币——他恐怕还不知道，
三个比两个更值钱！

这时走来了瞎子贝坦，
因为他什么也看不见，
就拿走了三个一角，留给我四个五分钱，
四个绝对比三个更赚！

我到种子店找科姆·海然，
来兑换我那些五分钱，
他居然给我五个一分，那个蠢货，
五个绝对比四个更多！

我回到家给爸爸看，
爸爸涨成了大红脸，
摇了摇头，闭上了眼——
他太骄傲了，以至于不能把我称赞！

我们两个

我和他,
他和我。
你们也看到,
我离不开他,他离不开我。
但愿我能离开他,
好自由自在,快快活活。
我实在有点儿,
想把他摆脱。
他一定也这样,
想要摆脱我。
谈电影,谈女人,
我们意见总不合。
我爱跳舞,
他爱滑雪。
他爱高山,
我爱大海宽又阔。
我爱喝热巧克力,
他爱把茶喝。
我要进卧室,
他要进厕所。
他比我笨,比我自私,
还比我胖得多……
不过我想这还不是最糟,
万一我们不是两个而是三个!
那么两个还算好:
我和他,
他和我。

我正在列个清单

我正在把讲礼貌、
做好孩子、温文尔雅、
甜蜜正直的语言
列成一个清单：
  你好
  请再说一遍
  你好吗？
  劳驾
  上帝保佑
  我可以吗？
  谢谢
  再见
如果你发现我这里没有列全，
请把它们贴在你的双眼！

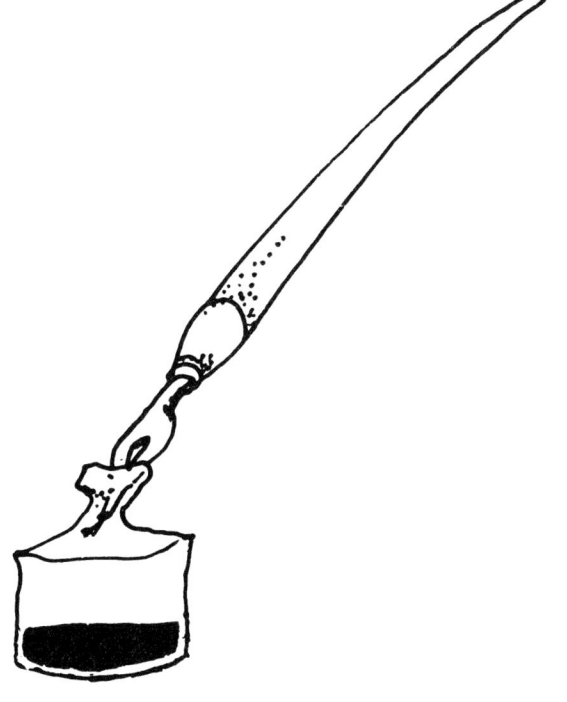

我和我的巨人朋友

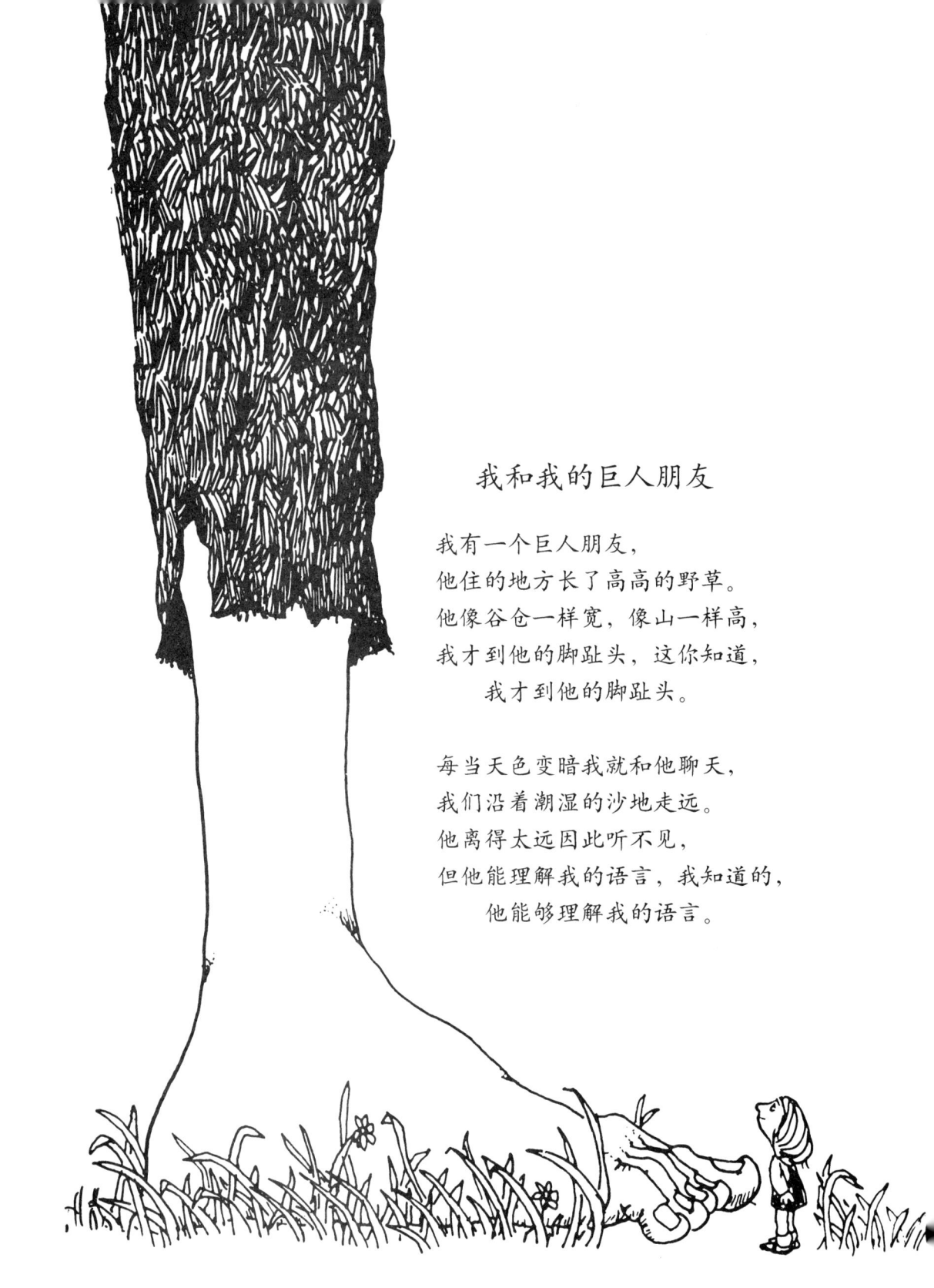

我有一个巨人朋友,
他住的地方长了高高的野草。
他像谷仓一样宽,像山一样高,
我才到他的脚趾头,这你知道,
　　我才到他的脚趾头。

每当天色变暗我就和他聊天,
我们沿着潮湿的沙地走远。
他离得太远因此听不见,
但他能理解我的语言,我知道的,
　　他能够理解我的语言。

因为我们的暗号是挠痒痒，
平常我们都是这样——
我挠挠他的脚趾头……一下是"喂！"
两下是"你好吗？"
三下是"要下雨了吗？"
四下是"不要哭鼻子啊！"
五下是"我给你讲个笑话吧。"
六下是"再见吧。""再见吧。"
　　　六下是"再见吧。"

他点点脚趾来回答——
一下是"朋友你好。"
两下是"你又来给我挠痒痒，感觉真好。"
三下是"我有点孤单，
我的头在天空上面。"
四下是"一只飞过的老鹰冲我微笑。"
五下是"好痛，
　　我的头撞在了月亮上。"
六下是"唉。"七下是"再见！"
八下是"快点回来，快，快。"
　　　八下是"快点回来。"

然后我挠了他一千下，
他的脚趾点得"啪啪啪！"
他哈哈大笑简直要把天震塌——
　　　这就是说，他被我挠得太痒痒啦！

雨点

我睁开我的双眼，
抬头看看那雨点，
它滴在我的头上，
还往我大脑里灌，
现在我躺在床上只能听见
我头脑里淅淅沥沥的雨点。

我走路走得很轻，
我迈步迈得很慢，
我没法用手来个倒立——
那样雨水会往外溅。
对不起我说了这么多胡话——
都是脑子里的雨点把我搞乱。

两个箱子

两个箱子在路上相遇。
一个对另一个说:
"如果你是箱子,
我也是箱子,
你一定是我的哥哥。
我们瘦得出奇,
我们瘦得凹了进去,
我们再也不能这样瘦下去。"
于是两个箱子手拉手,
回家把晚饭共进。

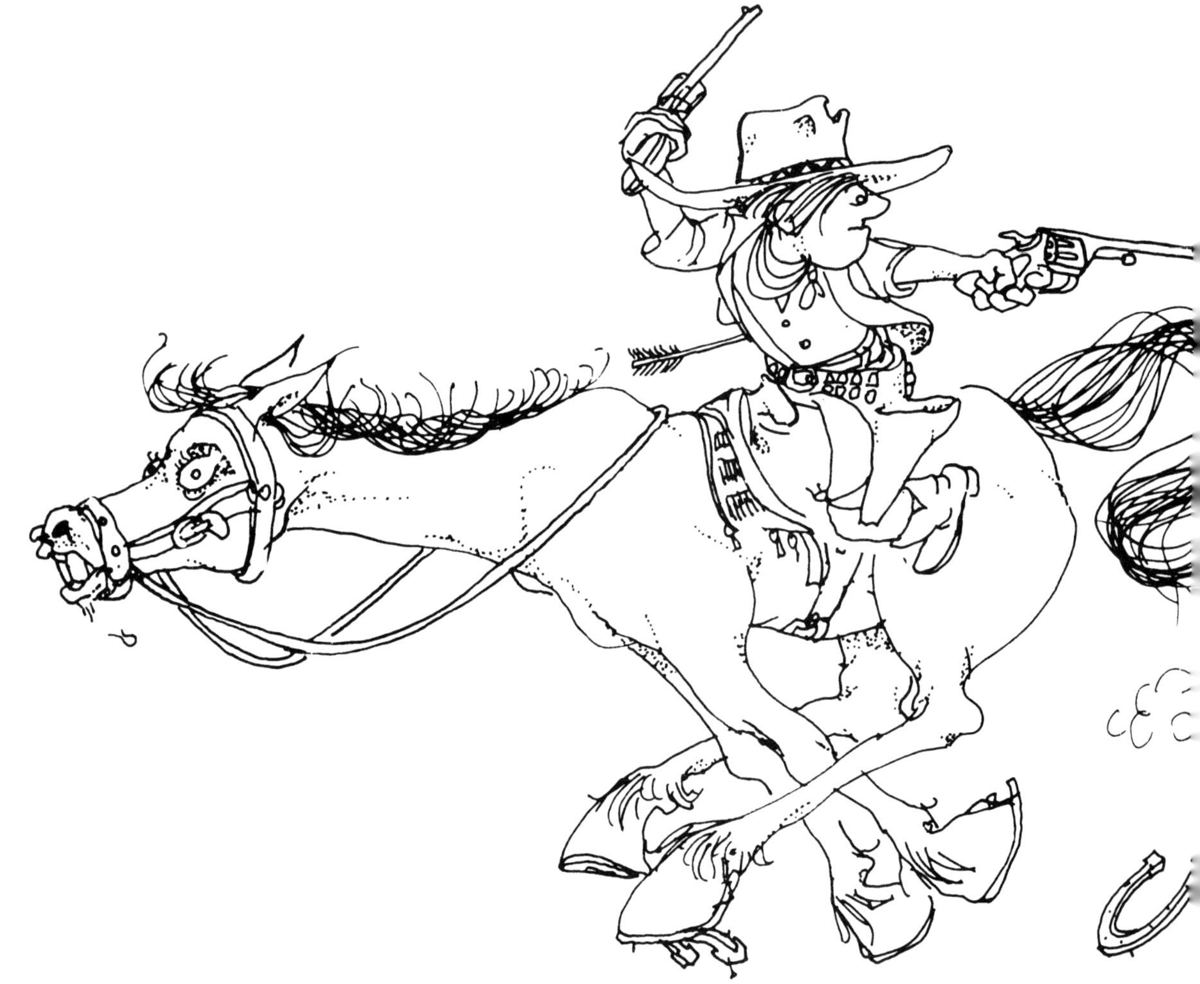

真实的故事

今天早晨我跃马扬鞭,
兜兜风去了外面,
我被一群罪犯追赶,
腰上中了他们的箭。
我爬到野猫的洞子里面,
来躲开他们的追赶。
一群海盗发现我在那里睡觉,
于是他们把我的手脚
捆在柱子上,还在我身子底下
点起大火——我几乎要大哭大闹。
美人鱼来了把我救下,
求我收她做我的新娘。
我说我下周三会来看她,
但我必须承认我说了谎。
我跑进丛林沼泽地,
但我把回家的路忘记,
我一脚踩进了流沙里,
没法脱身——无论我怎样用力。
直到一条叫克莱的蛇
把我拖到一群野人那里,
他们正要把我炸熟,
一只老鹰路过把我带走。
我们在天空中飞过,
可我突然被它抖落,
掉进方圆一千英里的
沸水湖泊。
你永远猜不到我后来又做了什么——
我死了。

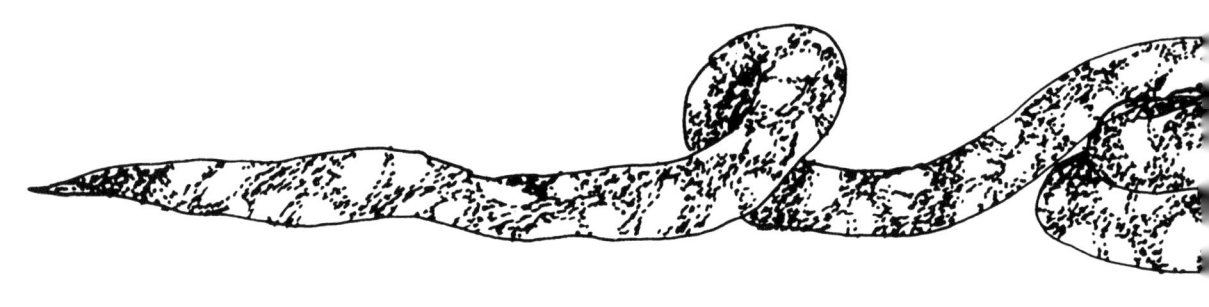

大蟒蛇

哦，吃我的
是一条大蟒蛇，
一条大蟒蛇，
一条大蟒蛇，
吃我的是一条大蟒蛇。
我不喜欢它——一点也不。
好了，你知道些什么？
它在咬我的脚趾头。
哦，不，
咬到了我的膝盖。
哦，天，
咬到了我的大腿。
哦，见鬼，
咬到了我的腰。
哦，糟糕，
咬到了我的脖子。
哦，去死！
咬到了了了了了了了了了了了……

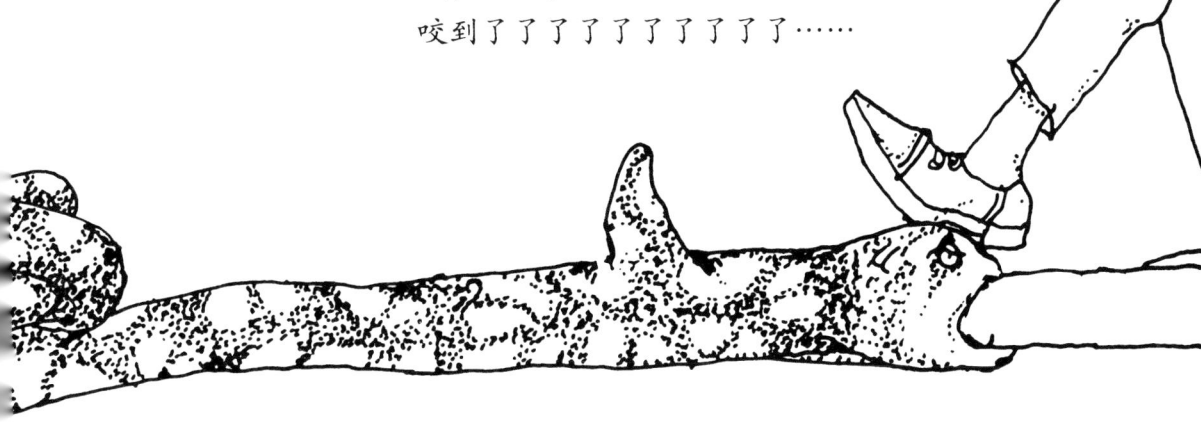

收破烂的嗡嗡

收破烂的嗡嗡
捡来断掉的细绳,
还有掉了脑袋的娃娃,
外加不会响的闹钟。
他捡来拼图板的碎片、
雪糕棒,还有弯了的铁钉、
乱糟糟的电线、坏掉的轮胎、
砖头的碎块,还有烂纸口袋。

破花瓶子、半根鞋带，
还有不能开火的格林猎枪、
漂不起来的小木船，
几个破喇叭怎么也吹不响。
没有把儿的小折叠刀，
开不了锁的铜钥匙，
戴不上手的小戒指，
枯树叶外加补丁袜子。
烂皮带少了皮带扣，
电动火车的铁轨早已弄丢，
模型飞机、破酒瓶，
椅子只有三条腿，那茶杯也已经裂了口。
收破烂的嗡嗡，
喜欢这些破烂他乐在其中——
破烂比钻石更加值钱，
破烂比金子更让他心疼。
嗡嗡向人们大叫：
"来分享我箱子里的财宝！"
那些有眼无珠的笨蛋
看了之后……居然说是"破烂"！

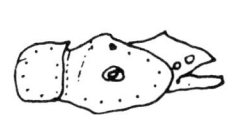

发明

我成功了,我成功了!
猜猜我做了什么!
我发明的电灯能插在太阳上。
太阳是那么亮,
灯泡是那么棒,
可是,哦,只有一点不太对劲……

电线好像不够长。

老怪来了！

老人说过，老怪们要来了，
他们买来小孩，然后把他们带走。
胖孩子五毛一个，
瘦孩子两毛一个，
脏孩子一毛五一个，
干净孩子三毛一个，
抠门孩子五分一个。

老怪们要来了，也许就在今晚，
他们买来小孩，用锁链把他们拴。
壮孩子八毛一个，
弱孩子两毛五一个，
闹孩子一分钱一个，
乖孩子一块钱一个！

高兴的孩子四毛一个，
伤心的孩子一毛一个。
孩子们，如果你们要被买走，
最没用的就是哭出声来，
不过——像你我一样的坏孩子——
他们决不会花钱来买！

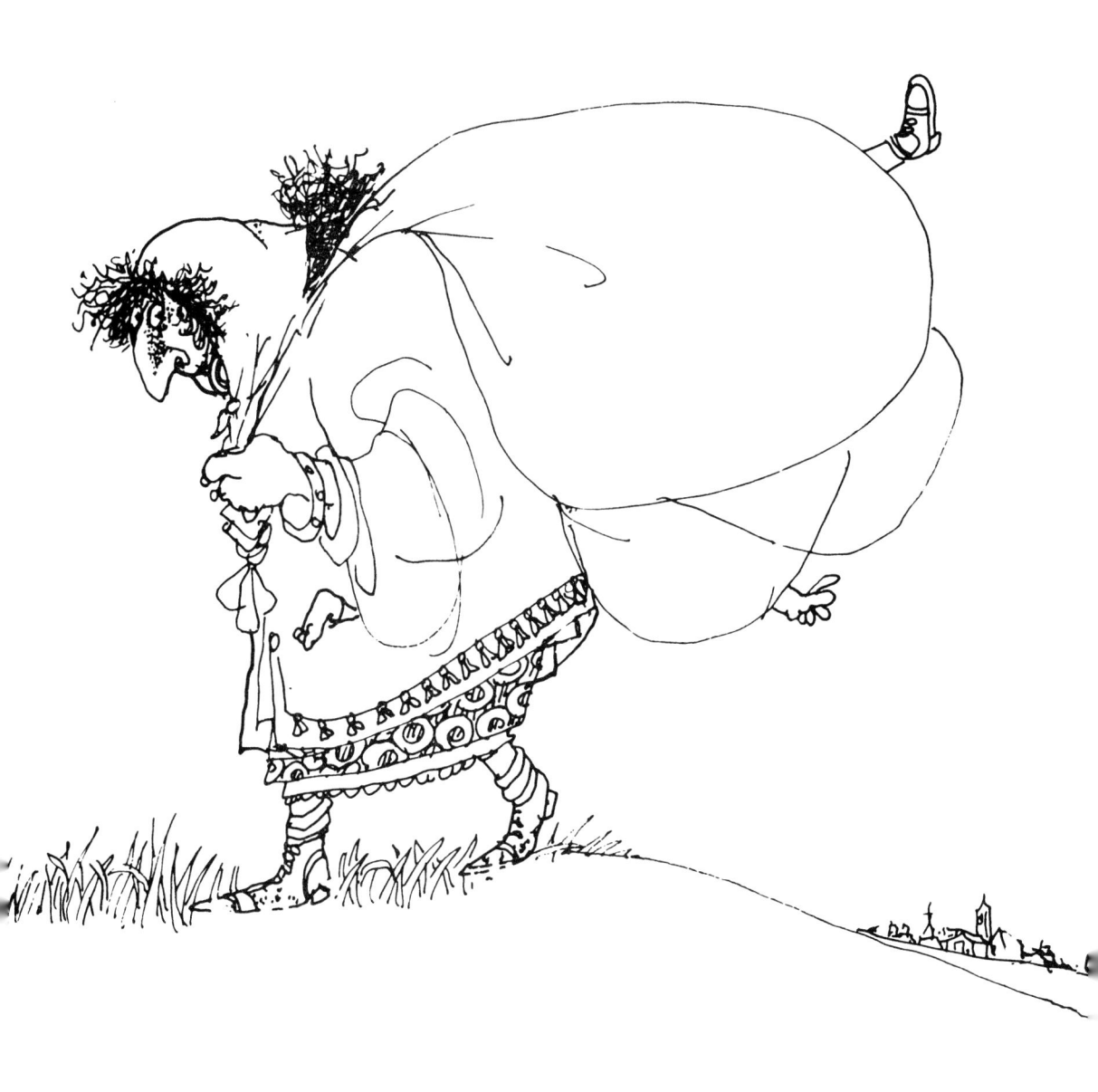

卖啦

卖小妹妹啦!
卖小妹妹啦!
一个爱哭、爱乱张望的小妹妹现在准备卖掉啦!
我没有和你打岔,
现在谁来开个价?
我听见有人出一块钱啦?
五分钱?
一分钱吗?
难道就没有,没有
没有哪个孩子愿意把这小妹妹买走?
愿意把这爱哭爱张望的小妹妹买走?

睡觉的沙丁鱼

我说:"我吃豆子早已吃腻。"
于是我打开一罐沙丁鱼。
但鱼儿们开始尖叫:
"嘿,我们正要准备睡觉。
我们紧紧依偎在一起,
直到你让光线透进了罐里。
你这最大的大笨蛋,请你保证我们的睡眠。
现在马上把盖子盖严!"
于是我只好照办……
劳驾哪位能把豆子拿到我的面前?

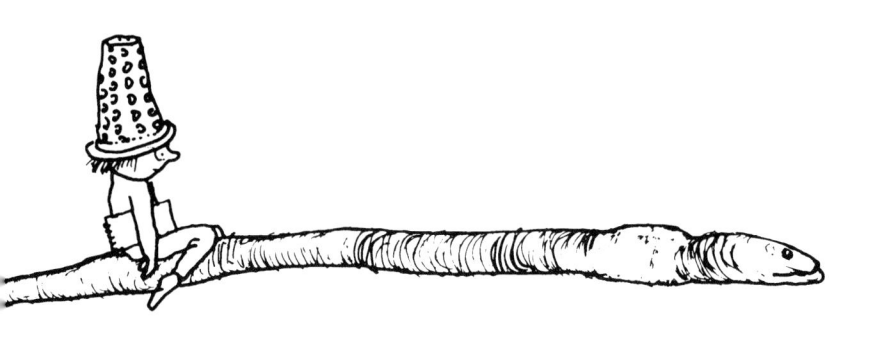

一寸高

如果你只有一寸高，你可以骑着虫子去学校。
蚂蚁的眼泪足够你洗个澡。
一块面包皮大餐
可以让你吃七天饱，
让你害怕的怪兽不过是只跳蚤，
如果你只有一寸高。

如果你只有一寸高，你可以从门下面走过，
要去商店买趟东西，得花上一个月还要多。
一小片绒布可以做你的床铺，
要荡秋千可以找吐丝的蜘蛛，
一个顶针就是你的礼帽，
如果你只有一寸高。

你会在厨房的水池里面冲浪，你的冲浪板是块口香糖。
你不能拥抱你的妈妈，恐怕只能把她的指头抱抱。
你要花一夜时间搬动一枝钢笔，
还会惊慌地在人们脚下乱跑。
（我花了十四年才写出这首诗，
因为我只有一寸高）

走进这被遗弃的小屋

请,轻轻走进这间小屋。
青蛙住在这里,蟋蟀在这里落户。

这儿没有屋顶,只有蓝鸟
住在这里,还有阳光一束束。

地板是花儿做——来,摘几朵。
这里长着蕨草,还有美丽的雏菊。

呼——呼——呼——呼——
猫头鹰呜呜叫着,还有倒挂的蝙蝠。

哈——哈——哈,嘻——嘻,呼——呼呼,
这里住着精灵,还有可爱的侏儒。

孩子,你一定明白了,
我以这里为家……你也想在这里居住。

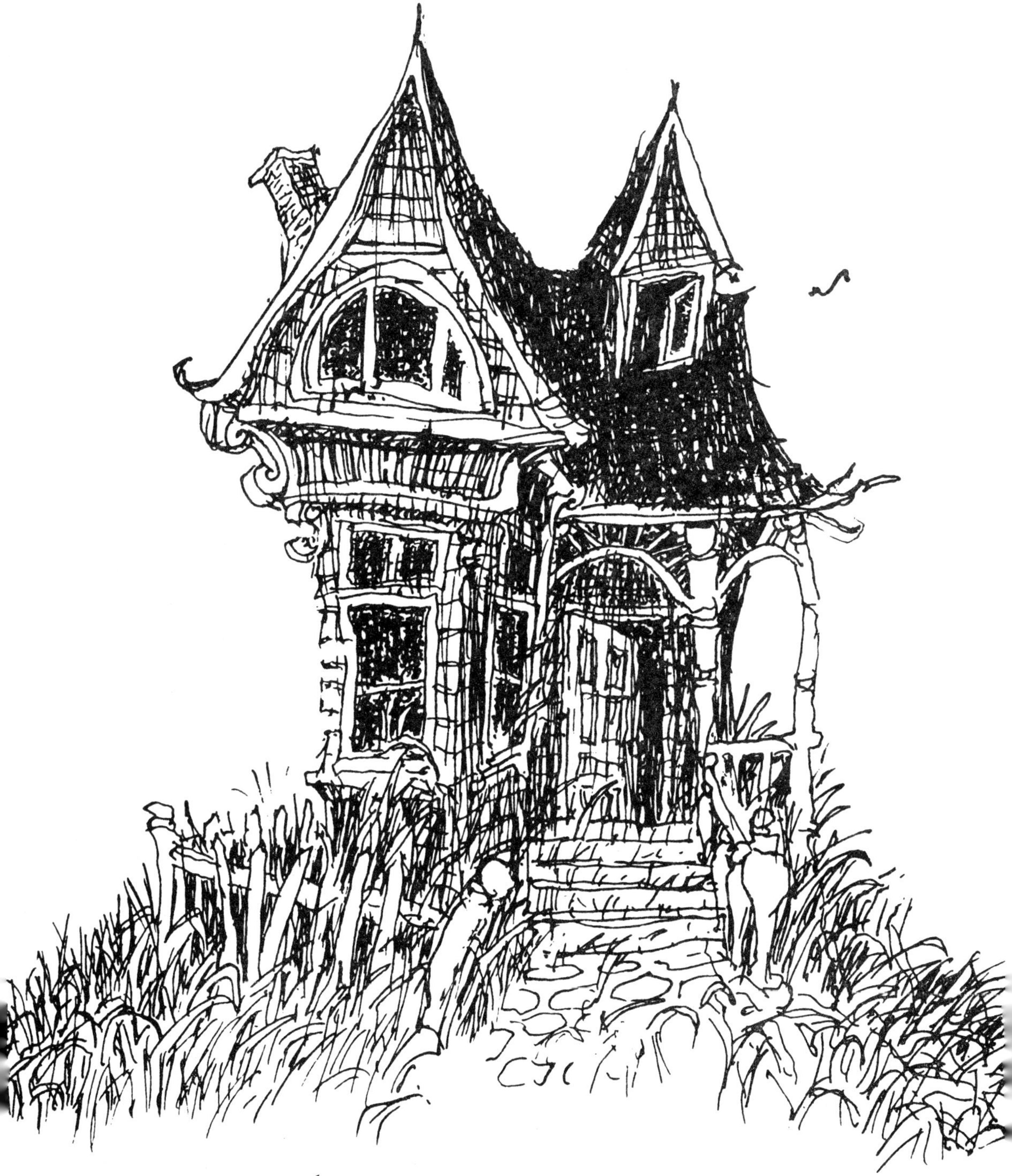

病了！

"我今天生病不能上学了，"
小佩吉·安·玛凯说，
"我得了麻疹和腮腺炎，
出了皮疹，还长了个大紫包。
我嘴里好多口水，嗓子眼却发干，
我马上就要瞎掉右眼。
我的扁桃腺硬得像石头，
我已经数出水痘一十六点，
又有一个——一十七点，
我脸色发绿，难道你没看见？
我的腿被截肢，我的眼睛发蓝——
这有可能是严重的流感。
我咳嗽打喷嚏，打嗝哮喘，
我敢肯定我的左腿破伤风感染——

我转动下巴的时候屁股会疼,
我的肚脐眼往里凹陷,
我后背扭伤,我脚踝抽筋,
天一下雨我的阑尾就会发炎。
我的脚趾头麻木,我的鼻子伤寒,
我还有个伤口在拇指尖。
我的脖子僵硬,我的声音发颤,
我说话自己几乎都听不见。
我的舌头把嘴塞满,
我想我的头发都快掉完。
我的脊椎不太直,我的胳膊有点弯,
我的体温直往一百零八度蹿。
我大脑萎缩,我什么也听不见,
有个大洞在我耳朵里面。
我的手指上长了倒刺,我的心脏——什么?
什么?你在说些什么?
你说今天是……礼拜天?
再见,我现在要出去玩!"

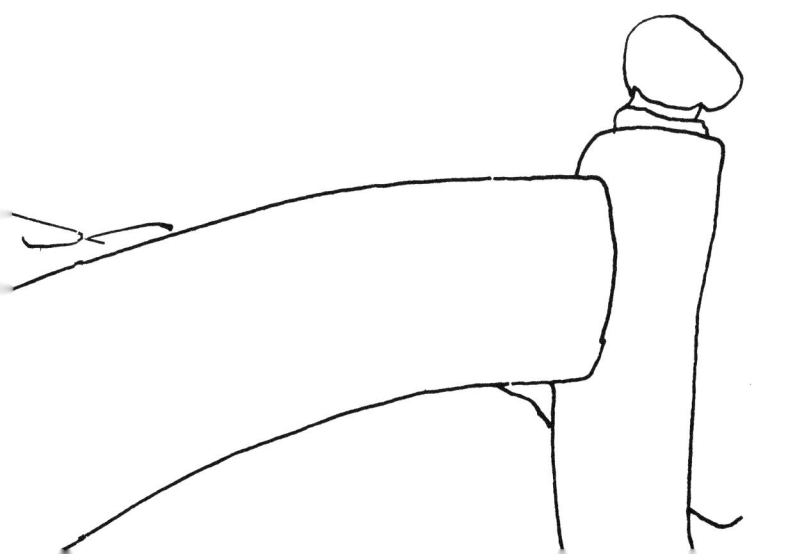

楼上

有一群小鸟住在我楼上，
楼上，楼上，楼上。
在我的帽子里，以我那温暖的头发
为家，为家，为家。
我搬了十几次家，
它们却还是在那，在那，在那。
我想躲开它们，可是
去哪，去哪，去哪？
这帽子不够用来
合住，合住，合住。
我看你有点烦了，你其实
不在乎，不在乎，不在乎
那群小鸟，它们以我的头发
为家，为家，为家。

花园

老头西蒙，他把钻石播种，
他的花园真是与众不同。
种子开始发芽，开始长大，
珠宝果实闪亮在阳光中。
那七彩的彩虹，
看着阳光和雨露，
让红蓝宝石挂上象牙花藤。
那玉石的葡萄
成熟在阴凉中，
等着把那青色玉石美酒酿成。
纯金的谷子
在暖风中摇动，
乌鸦叼走紫水晶的谷种。
在钻石丛中，老头西蒙
弯下身子除掉白金的野草藤。
珍珠草莓粉红，
只要你能拿动，
将它们装进大桶，
把它们拉到城中。
那高高的枝头上
有猫眼石的松子和纯金的梨子——
快点，拿根木棒
把它们摇落在地上。
拿上个银子土豆，
还有翡翠的西红柿。
那新鲜的珊瑚甜瓜
也近在咫尺。
老头西蒙，
他种下了美丽的钻石，
停下来休息一会儿，
梦见了……真正的桃子。

跳绳

这一切都是
由跳绳开始,
你也许会说
我是个呆子,
但这一切都是
由跳绳开始,
现在恐怕
没人相信我,
但这一切都是
由跳绳开始。

谁

谁能把足球从这里
一脚踢到阿富汗?
我!
谁在街头和老虎大战
而警察们抱头鼠窜?
我!
谁能飞翔而且长着X光的双眼
还不会被子弹射穿?
我!
谁能坐在那里说谎整整一晚?
我!

荒唐的罗丝

妈妈说:"吃饭不要用手指。"
"好吧。"小罗丝回答道,
于是她吃饭用脚趾!

人行道的尽头

在人行道的尽头,
在大街还没有开始的地方,
那里青草又松又软,
那里有明媚的阳光,
那里的鸟儿停下来,
在带薄荷味的微风中乘凉。

让我们离开这里吧,离开这里的黑烟,
离开这里那些七弯八弯的黑暗街巷,
绕开那些长着蒙有沥青花草的坑坑洼洼,
让我们一步一步慢慢地前往——
按照白粉笔箭头指引的方向——
前往人行道尽头那个地方。

让我们一步一步慢慢地前往,
前往白粉笔箭头指引的那个地方,
去找那些孩子,他们标出这些记号,
去找那些孩子,
他们知道人行道尽头那个地方。

雪人

这是春天的第一天,
雪人孤独地在那里站,
冬天的雪开始融化,
那松树好像也在抱怨:
"啊,你这雪人真是可怜,伤心时还要露出笑颜,
你看你渐渐就要化完。"
雪人说:"真是遗憾,
因为我想把七月亲眼看见。
是的,我想把七月亲眼看见,不要问我为什么,
我只是很想,很想,很想把七月亲眼看见。"

刚来的知更鸟吱吱叫:
"四季会来,四季会走,
当花草生长的时候,
连最大的冰块也会垮掉。
当一个生命开始,
另一个生命就要死掉,
雪人能够见到七月,
那简直就是开玩笑。
不,无论他们怎样,他们不能把七月见到,
他们不能,不能,不能把七月见到。"

雪人吸溜着胡萝卜鼻子说:
"至少,我会试试看。"
他勇敢地露出冰冷的笑颜,
眨了眨他煤一样黑的双眼。
他在那里静静地站,
与天空中的烈日面对面——
我真的没法告诉你,
他有没有把七月看见。
他是否把七月看见?你我都可以猜猜,
他是否,是否,是否把七月亲眼看见。

牙疼的鳄鱼

牙疼的鳄鱼
跑去看牙医，
坐上了手术椅，
牙医问："告诉我，
你为啥疼，疼在哪里？"
鳄鱼说："把实话告诉你，
我的牙齿疼得出奇。"
它把嘴张得很大，很大，
于是牙医爬到它的嘴里，
牙医笑着说："这可真是稀奇！"
他一颗接一颗地把牙齿拔起。
"你把我弄得很痛！"鳄鱼大叫，
"把你的钳子放下让我跑掉。"
可牙医却哈哈大笑，
"我只剩十二颗牙要拔了——"他说道，
"哦，我拔错了一颗，我知道，
可这只不过是一颗鳄鱼牙齿，对吗？"
突然，大嘴"啪"的一声关掉，
从此牙医在地图上再也找不到，
他到底去了东？西？南？北？
没有人能够猜到……
他连新的地址都没有留下。
可他只不过是个牙医，对吗？

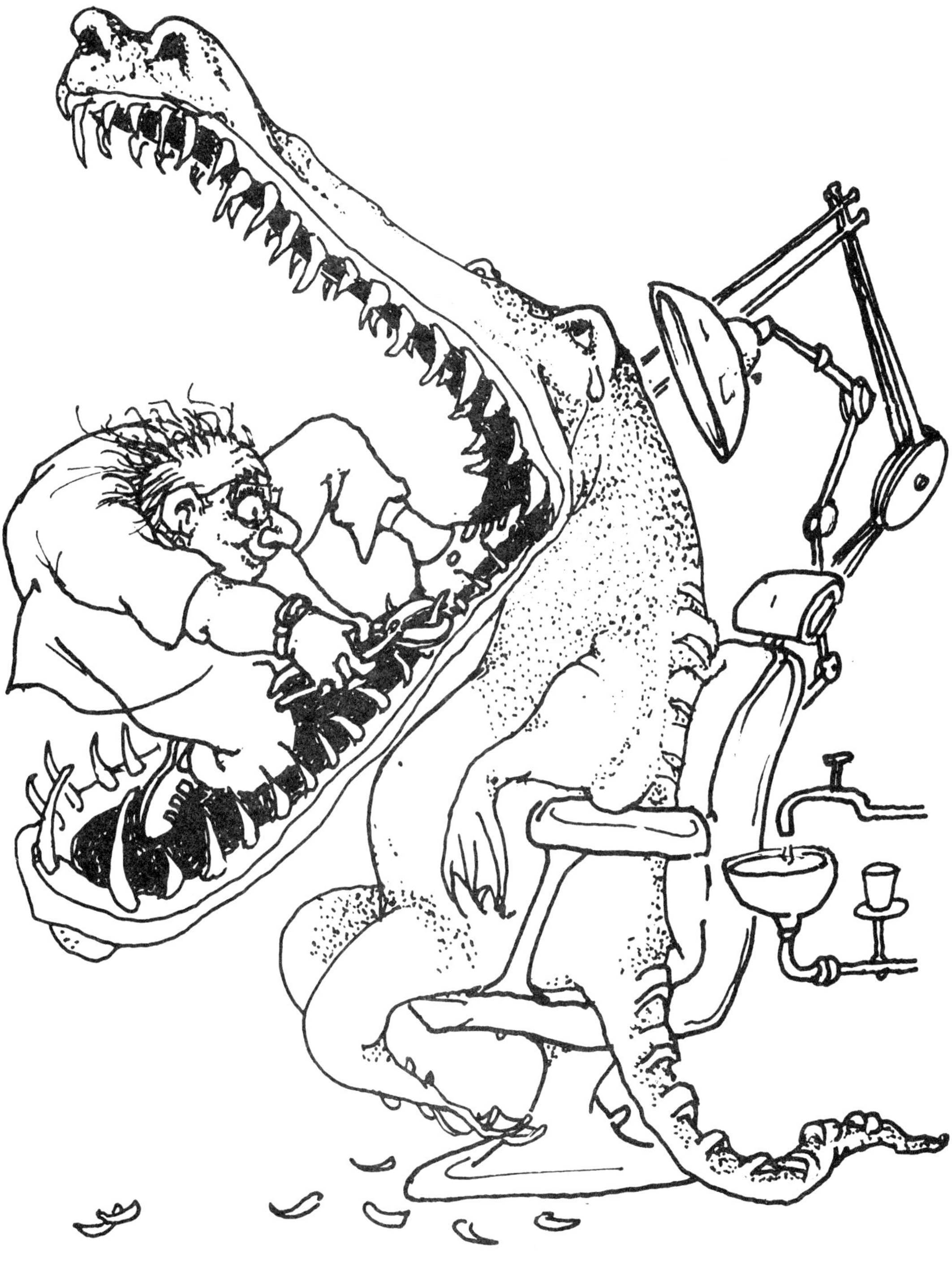

手指头

爱咬手指头的人,哦,
他的手指头一定又湿又皱,
而且像雪一样惨白。
可咬手指头的味道
堪称世界最最奇妙。
(只有我们咬手指头的人才知道)

野猪

如果你对我说
一只野猪有二十颗牙齿,
我会说:"的确如此。"
如果你说它有三十三颗,
我觉得这个数目没有差错。
如果你大叫"九十九",
我决不会说你在骗我,
因为野猪嘴里
到底有多少牙齿,
我对此一无所知。

莱斯特

住在菩提树上的魔王
给了莱斯特一个魔法愿望，
莱斯特用它又多要了两个——
这样，聪明的他就有了三个愿望。
他用每个愿望
又多要了三个愿望，
这样除了原来的三个，他又多了九个愿望。
他用这十二个愿望中的每个，
狡猾地又要了三个愿望，
加起来他一共有五十二个——还是四十六个愿望？
不管怎样，他用每个愿望
来索要更多的愿望，直到他有了
五十亿七百零一万八千零三十四个愿望。
他把它们铺在地面上，
跳起舞，拍起巴掌。
他雀跃，他歌唱，
然后坐下来索要更多的愿望。
更多的愿望……更多的愿望……越堆越高，
人们欢笑歌唱，痛哭悲伤，
相爱，抚摸，感受，品尝。
莱斯特坐在他的财富中央，
它们堆得好像金山一样，
他坐在那里数啊数啊——然后他慢慢变老。
一个星期四的下午人们把他找到，
他死了——愿望在他身边堆得老高。
人们把这些愿望数了数，
发现一个也没有丢掉。
所有的愿望还是崭新闪亮——
拿走几个——把莱斯特好好想想。
这世界上有苹果，有鞋子，还有亲吻，
他却在愿望中浪费了这些愿望。

萨拉·辛茜娅·茜尔维娅·丝道
就是不愿把垃圾倒掉

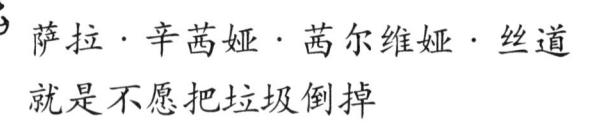

萨拉·辛茜娅·茜尔维娅·丝道
就是不愿把垃圾倒掉!
她会把茶壶擦亮,把锅刷好,
把辣酱抹上火腿把糖抹上山药,
虽然她爸爸会大喊大叫,
她就是不愿意把垃圾倒掉。
于是垃圾堆到天花板高:
咖啡渣子,土豆皮,
烂豌豆和黑香蕉,
还有大块大块的酸奶酪。
垃圾把地面盖住,把垃圾桶堆满,
把窗户弄碎,把门口堵严。
没肉的鸡骨头,熏火腿的外皮,
圆筒冰激凌还在答答滴滴。
一团一团的燕麦饭,
外加话梅核、桃核、橙子皮、
比萨饼渣、蔫青菜,
烂豆子还有小金橘。
烤牛肉里的骨头渣子,
还有黑黑的面包皮……
垃圾滚到了大厅里,
堆上了房顶,挤破了墙壁……

碎掉的曲奇饼干，
被人嚼过的泡泡糖，
面巾纸也是油腻腻。
橡胶一样的通心粉，
还有半透明的香肠皮，
酸奶酪挨着变硬的派，
花生黄油也干得结了块。
薯条和烂熏肉放在一起，
柠檬蛋羹混着鸡蛋皮，
黄黄的小麦粉堆了一地。
最后这垃圾越堆越高，
直到比天还高。
所有的邻居都搬家，
再没有朋友来玩耍。
这可吓坏了萨拉·辛茜娅·茜尔维娅·丝道，
她说："好，我去把那垃圾倒掉！"
不过，那时已经太晚……
垃圾早已向各州蔓延，
从纽约来到金门大桥边。
萨拉站在垃圾堆中间，
她的命运实在悲惨，
我现在不能再讲下去，
因为时间已经太晚。
孩子们，想想萨拉·丝道，
一定每天都把垃圾倒掉！

见鬼!

谁能把两只八十斤重的老鼠
借给我用一用?
我想把满屋子的猫咪轰个干净!

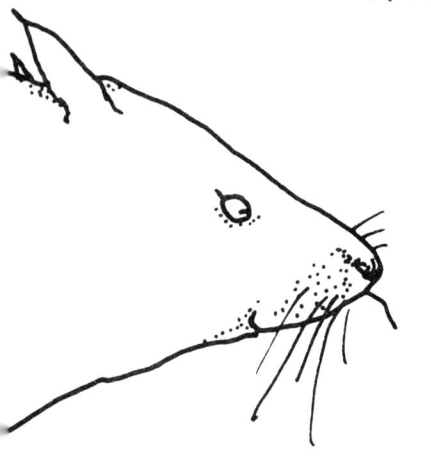

帽子

泰迪说那是个帽子,
于是我把它戴在头上。
可现在爸爸却在嚷嚷:
"那该死的马桶搋子
　　跑到了什么地方?"

我的规矩

如果你想嫁给我,那么这些事你必须要做:
你要学会把鸡肉饺子煮,
还要把我的破袜子修补,
你要抚平我困惑的大脑,
还要琢磨出挠后背的技巧,
你要让我的皮鞋一尘不染,
我休息时你要把落叶扫完,
碰到下雪或冰雹,
你要把小路打扫……我讲话时你要把嘴紧闭,
还有——嘿——你要往哪里去?

听说了吗?

哦,你听说了吗?今天是打针的时间?
我觉得有人往你的茶水里放了点盐。
我们将有十一个月的假期休息。
佛罗里达州也沉到了大海里。

哦,你听说了吗?总统得了麻疹病?
校长放火把学校烧了个干净。
蚂蚁和紫黄鼠狼爬满了你的头发——
　　愚人节快乐!

警告

每个人的鼻子里面,
有一只蜗牛长着尖尖的牙。
如果你把手指伸进鼻孔,
它会咬掉你的指甲。
如果你再把手指往里伸,
它会把你的戒指留下。
如果一直伸进去,那么它
会把你的手指齐根咬下。

独角兽

在很久很久以前,当地球还是一片莽莽绿原,
那里生活着许许多多动物,我们都不曾看见,
混沌初开的世界里它们自由自在,
其中当属独角兽最最可爱。
  那里有绿色的鳄鱼,长脖子的白鹅,
  有黑猩猩,还有背着鼓鼓肉峰的骆驼。
  猫猫鼠鼠和大象,
  最可爱的独角兽你当然不能忘。

可上帝觉得世界的罪恶有些心烦。
他说:"我要下场大雨,快往后站。
嘿,诺亚兄弟,我来告诉你怎么办。
去给我造一座水上动物园。
  你带上两只鳄鱼,一对白鹅,
  两只猩猩,两头骆驼,
  你带上猫猫鼠鼠和大象,
  诺亚,独角兽你可千万不能忘。"

于是诺亚执行上帝的呼唤,
哗哗大雨落下前,他的方舟刚好造完。
他把动物一对一对赶进船。
它们边走他边向外喊:
  "嘿,上帝,我带了两只鳄鱼、一对白鹅,
  你的黑猩猩和肉鼓鼓的骆驼。
  你的猫猫鼠鼠和大象,
  可没看见你的独角兽我好绝望。"

穿过瓢泼大雨诺亚向外张望，
可独角兽却在傻乎乎捉迷藏。
它们还在追追打打，
唉，独角兽们可真傻。
　　于是山羊们"咩咩"叫，大蛇小蛇扭扭腰，
　　大象们把鼻子甩甩，小舟在风雨中飘摇。
　　鼠鼠"吱吱"叫，雄狮吼一吼，
　　大家都上了船，只剩下独角兽。
　　我说的是绿色的鳄鱼，长脖子白鹅，
　　大黑猩猩，还有肉鼓鼓的骆驼。
　　诺亚叫道："快关舱门，大雨已往下泼——
　　我们再不能为独角兽耽搁。"

于是方舟开始启航，被潮水推向远方。
可怜的独角兽，只能泪汪汪站在岩石上。
洪水涨上来把它们冲走，
这就是为什么我们今天见不到一只独角兽。
　　今天我们能看见许多鳄鱼，还有大群的白鹅，
　　能看见许多黑猩猩，还有肉鼓鼓的骆驼。
　　能看见猫猫鼠鼠和大象，
　　可从你出生的时候，你绝对看不见一只独角兽。

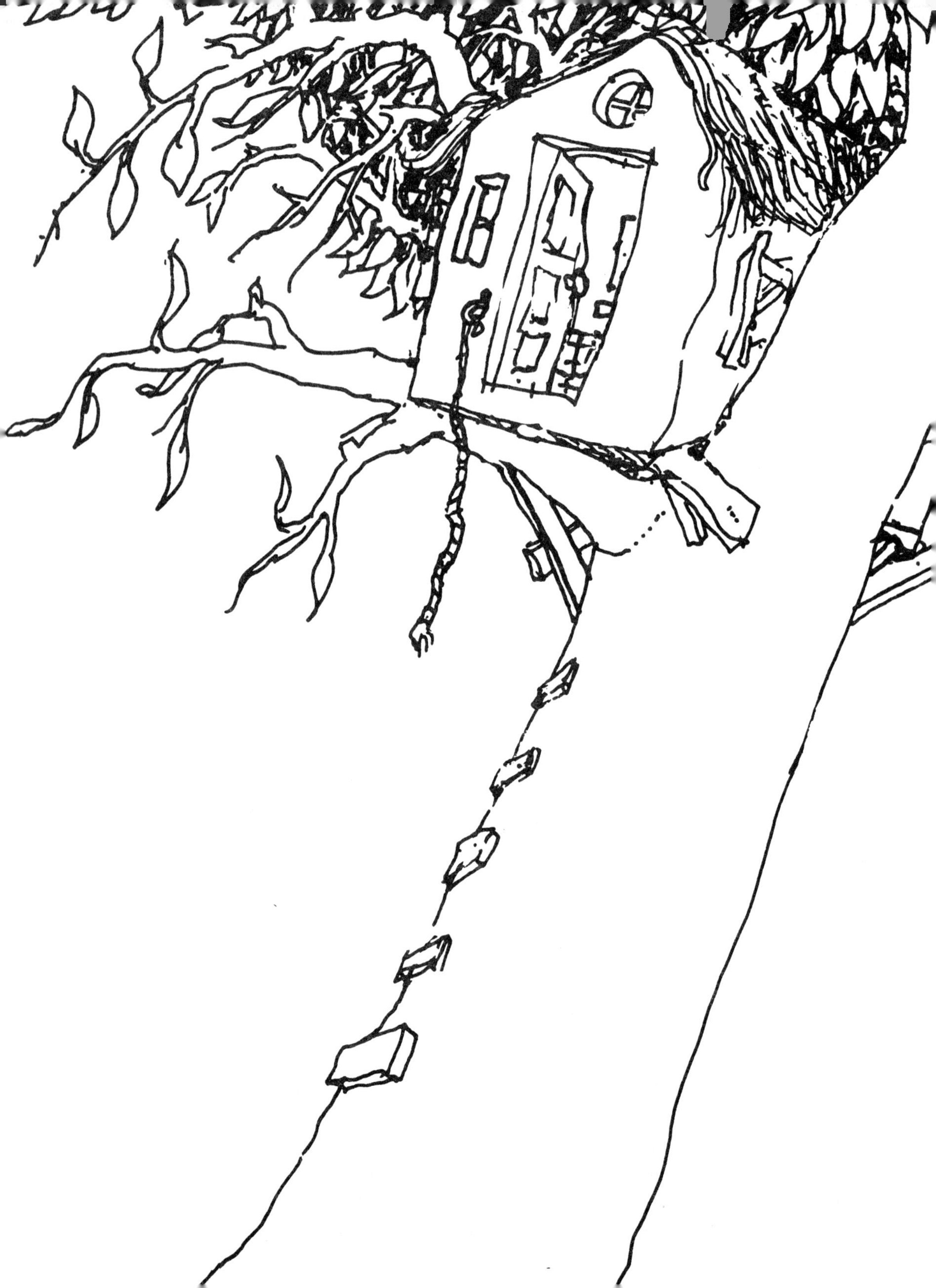

树屋

树上的屋子，自由的屋子，
只属于你和我的屋子，
高高地在那树叶覆盖的枝间，
别提有多么舒适。

街上的屋子，漂亮的屋子，
进来要把鞋擦干净的屋子，
不是我喜欢的屋子——
我们都来住树上的屋子。

会飞的花彩

哦,我要骑上那会飞的花彩——
我跳上它的脊背,把口哨吹起来,
我们会一直飞到月亮的那一边,
　　只有我,和那会飞的花彩。

我带了皮球、话梅,
还有三明治一大块,
我们今晚十二点准时离开,
会飞的花彩要带着我起飞……
　　一旦它把飞行学会。

都一样

小得像颗花生,
大得像巨人一样,
我们的大小将会相同,
当我们把灯关上。

穷得像个乞丐,
富得像个国王,
我们的价值都会相等,
当我们把灯关上。

是红,是黑,是橙,
是白还是黄,
我们看上去没有区别,
当我们把灯关上。

也许那最公平的方法,
在这个世界上,
就是让上帝伸出手,
把那盏灯关上。

透明男孩

我们看见透明的男孩
正玩耍在他透明的小屋,
他把一块透明的奶酪
喂给一只透明的老鼠。
哦,多么漂亮的图!
你愿不愿给我也画上一幅?

帽子太紧啦!

我想把帽子摘一下,和麦加菲小姐把招呼打,
可我的帽子戴得太紧,
无论如何也摘不下。
我的脖子就这样被拉长啦。
看来,要想讲礼貌,
就得付出这样的代价。

花生黄油三明治

我给你讲个傻国王的故事，
他完全不管国家的大事，
可他就喜欢一样东西——
那就是花生黄油三明治。

他的宝座，他的王冠，
他的龙袍，他的王杖，
都被那花生黄油三明治
弄得又黑又黏又脏。

他的臣民都是傻瓜，
因为他立下了国家大法，
人们在学校里只能学到
花生黄油三明治的做法。

高汤和大蛋糕他看也不看，
上等的烤牛排他也不会吃，
他告诉宫廷的大厨师，
给他做一块黏黏的花生黄油三明治。

有一天他咬了一口之后，
就开始高兴地大嚼大吃。
可他的嘴巴突然被紧紧粘住，
因为那最后一口花生黄油三明治。

他弟弟把他拽，他姐姐把他窥视，
女巫过来推他一把，他妈妈力竭声嘶：
"他要自杀——我的孩子，
他吃了最后一块花生黄油三明治！"

牙医来了，还有宫里的医师。
管子工也用上了大锤子，
可是那嘴巴还是紧紧合着。
这黏黏的花生黄油三明治，真是该死！

电话工用电线试了试，
木匠师傅拿来了钳子，
救火队用大火来烧，可就是
烧不化那花生黄油三明治。

他们用了蒸气和润滑油，
还用了钻头、滑车和绳子——
他们用二十年的力气——
对付那花生黄油三明治。

所有的臣民们都来了。
他们钩住他的下巴——用打架的铁链子。
他们从左右一起使劲拽
那顽固的花生黄油三明治。

男人、女人、男孩子、女孩子，
扔掉了他们的犁头、玩具和罐子。
他们拉呀拉呀，直到"啪"的一声，太棒了——
他们弄碎了那块花生黄油三明治。

伴随着一阵烟尘，一阵尖叫——
国王的下巴打开了——"咯吱咯吱"
他的声音是那么微弱——
他们只听到他说的头几个字：
"要不要来块花生黄油三明治？"

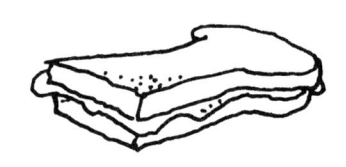

懒懒的简

懒懒懒懒懒的简,她想喝口水,于是就等啊等啊等着天上落下雨点。

尽头
请勿靠近!

地球的尽头

哥伦布说,大地是个圆球?
千万别听他胡说。
因为我来到了世界的尽头,
向下看去只见蓝烟缭绕,
坐在这里能听见狂风怒吼,
听我说,小朋友,
这世界是平地不是圆球!

圣诞老人和驯鹿

圣诞老人说:"现在是
快乐的钟声响起的时间。"
他爬上了他的雪橇,
把大包裹甩上了双肩。

"走,舞蹈!走,雀跃!走,丹尼!走,闪电!
走,彗星和丘比特!"他大声叫喊。
驯鹿们都跳跃起来,只有一头,
它静静地在那里站。

它拉雪橇拉了一千年,
从来没说过一句怨言。
它站在雪地里,声音压得很低——
"你给我准备了什么?"

"我给孩子们带来了好玩的游戏。"
圣诞老人满心欢喜。
驯鹿却站在那里呆若木鸡——
"你给我准备了什么?"

"长袜已挂起,钟声已响起!"
圣诞老人喊着,他有点生气。
驯鹿望着远处的流星——
"你给我准备了什么?"

圣诞老人把手伸进胡子里,
他找到了跳蚤一小粒,
他把它扔进驯鹿的耳朵里,
驯鹿说:"给我的吗?哦,驾!"

他们带着跳蚤飞走,
他们向远处的蓝天飞去。
我想你可能比我更清楚
这个圣诞故事的寓意。

巨嘴鸟

告诉我,谁能
把巨嘴鸟捉住?
卢。

几个人能骑在
巨嘴鸟背上?
俩。

什么东西能把
你和巨嘴鸟粘牢?
胶。

谁能再写点
巨嘴鸟的事迹?
你!

火星

在火星这颗星球上,
他们的衣服和我们一样,
他们的鞋子、鞋带和我们一样,
他们的魅力、斯文和我们一样,
他们的头和脸也和我们一样……
只是不在
相同的
地方。

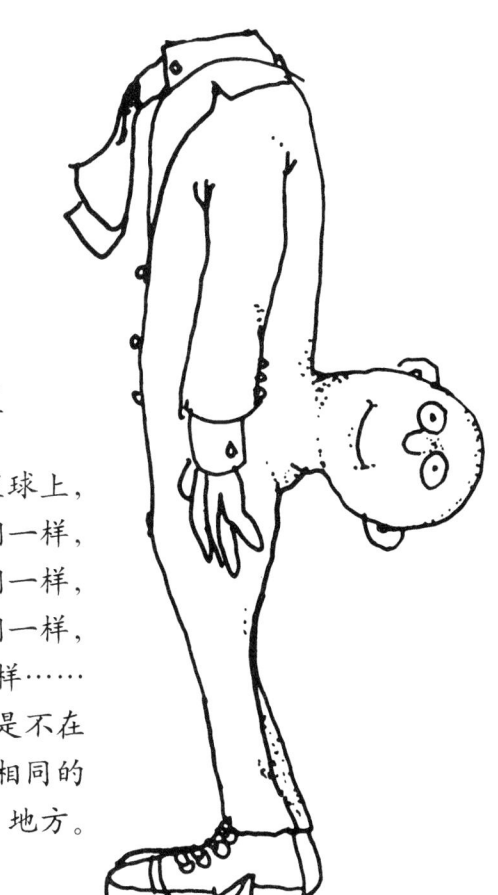

LOVE ——爱

当"L"的里奇受流感折磨，
当"O"的丽茜有作业要做，
当"E"的米歇尔八成迷了路，
所以今天的爱全部由我付出。

世界上最脏的人

我是世界第一脏,名叫脏老丹,
我从来没见过我的衬衫——因为它早已被尘土盖满。
我从来没洗过澡,
我的耳朵里长满了花草。

我的洗澡水总是太烫,
要不然就是太凉。
我身上都是灰尘、补丁和抓伤,
还盖满了霉菌和疥疮。
我的洗澡水总是太烫,
要不然就是太凉。

我与五头猪一只鸡同住一个围栏，
三只蜥蜴经常爬到我床上来玩，
它们总把我弄得很痒，
于是我翻来覆去蹭我的脏床单。

如果你用手电筒看看我的咽喉，
你会看到我的肚子里都生了锈。
我说话时会尖叫，走路会吱吱响，
我每次打喷嚏都把灰尘喷出口。

我想起毛巾和肥皂就会暴跳，
人们有事情告诉我的时候，
他们不会走过来——而是退到后面大叫。
我觉得他们是害怕把我闻到。

臭虫唱着歌儿哄我睡觉，
垃圾堆里的苍蝇催我起床。
它们是我的好朋友，我不愿让它们淹死，
所以我从不到湖边游荡。

每天晚上九点，我坐下来
和椅子里的白蚁们共进晚餐，
我和蝙蝠们有说有笑，
还和头发里的虱子们聊天。

如果我有妻子，我的生活会变得更甜，
但我的愿望永远不能实现，
除非我找到一个女孩，温柔体贴，
头脑聪明，脸庞好看，
永远眨着美丽的双眼——
再比我脏上那么一点点。

从它们的角度看一看

感恩节的晚餐是那么伤感，
圣诞节的晚餐是那么灰暗，
当你停下来，试着
从火鸡的角度看一看。

没有阳光洒向周日的晚餐，
厄运充满了复活节的喜宴，
当你停下来，试着
从鸡鸭的角度看一看。

金枪鱼沙拉曾让我嘴馋，
还有里脊、龙虾和羊排，
直到有一天我停下来
从晚餐的角度看了一看。

魔术橡皮

她不相信这枝铅笔
有个橡皮头会变魔术。
她说我是个大骗子,
她说我是个大笨猪。
她说我不可能证明,
那橡皮的魔术功能。
我该怎么办呢——
我只好用橡皮把她擦个干净!

面

面,面,到处都是面,
盖住了我的胳膊——盖住了我的脸,
钻到椅子下面,铺在地毯上面,
掉进吊床里面,还在楼梯上打卷,
盖住了桌面,把浴缸装满,
还把沙发弄得又黏又乱。

舞会被弄砸,我心情很差,
客人们都已跑光。(除非被埋在地下)
我对他们说:"带点礼物。""扔点见面礼。"
我想他们是听错了,
因为他们把面条扔了一地!

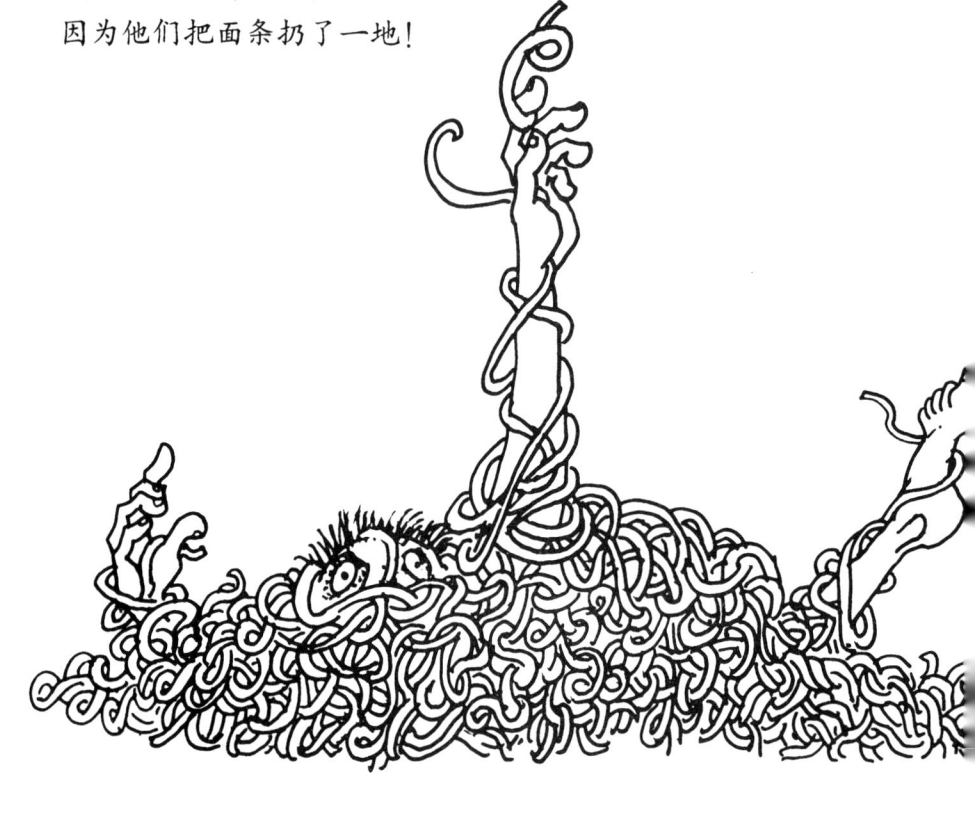

帮助

阿格莎·福莱,她做了张馅饼,
约翰·克里斯托夫,帮忙把它烤熟。
约翰·克里斯托夫,他给草坪割草,
阿格莎·福莱帮忙整理好。
扎齐瑞·扎格拿出小地毯,
詹妮弗·乔伊帮忙把它甩干。
詹妮弗·乔伊,她做了个玩意儿,
扎齐瑞·扎格却帮忙把它砸坏。

有些"帮助",
把"帮助"的内涵
真正体现。
有些"帮助",
少了它们
我们也不觉得遗憾。

如果我有条雷龙

如果我有条雷龙，
我会叫它"霍雷"或者"摩里"。
但如果它突然生了
一大窝雷龙宝宝——
我会把它的名字改成
"劳丽"。

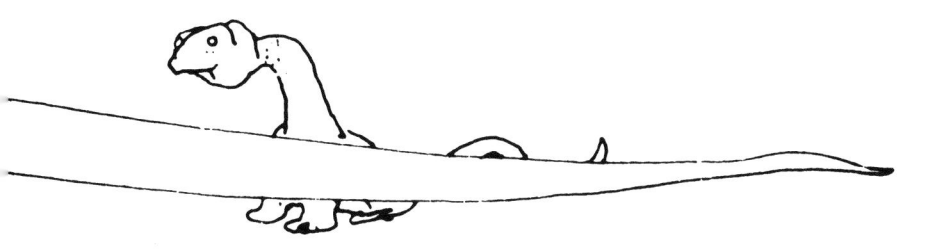

本杰明·拜

本杰明·拜
从威明顿来,
他的扣子总是解不开。
从去年七月起他的衣服就从没脱下来。
为什么?
没人能把他的扣子解开,
无论他们怎么拽——可怜的拜。
他只能脱下鞋子袜子,摘下领带,
他只能坐在那里,咬着舌头哭出来,
他不能洗澡——只好让水龙头哗哗大开,
他上不了厕所,也没法让太阳晒晒,
生活对他来说这么无奈,
从威明顿来的本杰明·拜,
他的扣子总是解不开。

战斗

你愿不愿听我讲
那个可怕的晚上
我在战斗中勇不可当——
不愿意?
正好!

小鱼米尼

我能不能问你,你是否曾经发现,
我能不能问你,你是否曾经看见,
我的小鱼米尼,
它正畅游
在你的阿华田里?
亲爱的,你早已把阿华田喝光,
亲爱的,而它不在杯子里,
亲爱的,我到处都找不到它,
亲爱的,你觉得它是不是已经淹死?

尾巴像剃刀的小鸟

尾巴像剃刀的小鸟,
它假装和你很要好,
还给你的草坪割草,
而且决不让任何东西
留得太长,
或是嗖嗖作响——它现在要飞向远方。

不要把取笑我笑也要笑为奔跑的长颈鹿不大因为在奔跑的长颈鹿脖子上写诗是件不容易的事

妖怪

一个妖怪
住在灌木丛中,
它以吃诗人喝茶水为生。
我知道它,
它却不知道我——这真是万幸!

小怪物

很久以前,在大沼泽,
那里长着高高的野草,
一个小怪物,把我的脚趾头咬到……
究竟为什么,我也不知道。
我又踢腿又哭闹,
还嗷嗷大叫——
可小怪物就是不把嘴巴松掉。
我低声细语地向它哀求——
可小怪物就是不松口。
我喊道:"呜嗷""停下""住手!"——
可小怪物它就是不松口。
那件事已经过去十六年之久,
小怪物还是不肯松口。
雪花从天空飘落,
狂风在不停地怒吼——
那小怪物就是不肯松口。
冰雪会慢慢消融,
地上会长出小草——
那小怪物就是不肯松口。
不管我带着它往哪里走,
那小怪物就是不肯松口。
现在孩子们,你们至少应该知道,
为什么我只能慢吞吞地走。

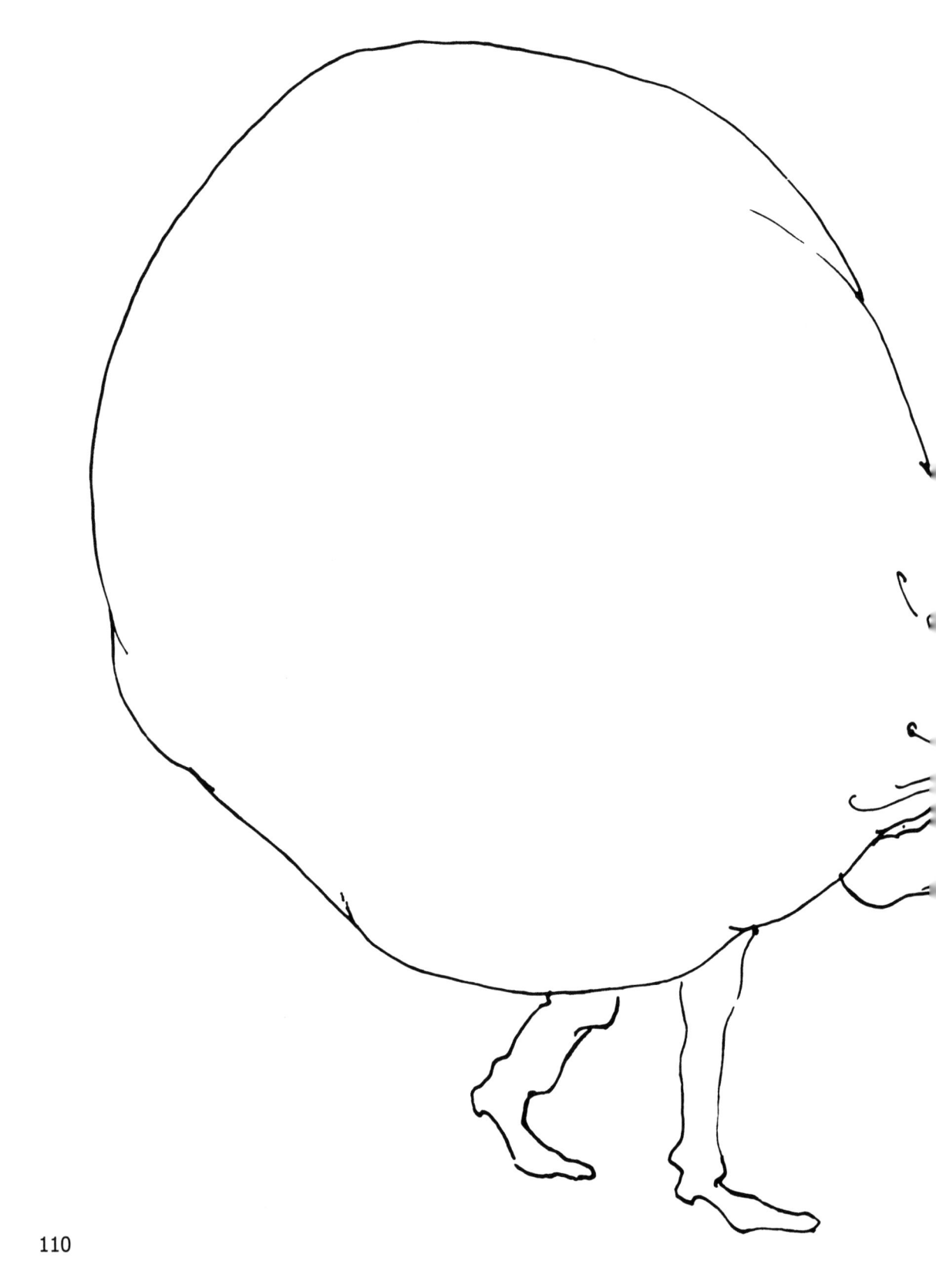

袋子里装了什么？

袋子里装了什么？袋子里装了什么？
是圆圆的月亮，还是可口的鲜蘑？
是柔软的鹅毛，还是浪漫的情书？
也许是世界上最大的气球？

袋子里装了什么？他们只问我这个。
是爆米花、玻璃弹球，还是图书？
到底是世界上最大的肉丸子，
还是你两年多的脏衣服？

有没有人问我："嘿，你什么时候过生日？"
"你会不会玩抢手棋？""你爱不爱吃豆子？"
"南斯拉夫的首都是哪个城市？"
或者"谁把那玫瑰绣上你的裤子？"

没有！袋子里装了什么？他们只问我这个。
里面是块石头，还是弯着身子的长颈鹿？
是辣椒，是钢镚，还是破烂的自行车？
你能不能分我一半，如果我能把它猜出？

有没有人问过，我从哪里来，我会待多久，
我要往哪里去，什么时候往回走，
或者是"你怎么样？""有什么新鲜事？"或者"嘿,你为啥那么难过？"
没有——他们不停地问我："袋子里装了什么？"
"袋子里装了什么？"我真的要发怒了，
如果下一个人，他还问我"袋子里装了什么？"
什么？
哦，不！又是你！

你是否愿意？

芭芭拉的眼睛像天空一样蓝，
可她与弗雷迪正在热恋。
凯伦真好，但哈里捷足先登，
温柔的珍妮也早就有了老公。
卡罗尔讨厌我，梅也一样，
阿比盖尔不愿和我交往，
南茜和我相隔太远……
你是否愿意做我的初恋？

爱丽斯

她从叫"喝我"的瓶子里喝水，
一下子长得老高，
她从叫"尝我"的盘子里吃饭，
一下子变得很小。
她就这样来回变，
可别人根本就没机会尝鲜。

洗影子

无论是什么时候,
我从来不曾把影子洗掉。
我觉得它一定很肮脏,
于是今天把它撕下,
从它靠着的那堵墙。
我把它扔到洗衣盆里,
和我的衣服放在一起。
我加了漂白粉打了肥皂,
几个钟头把它浸泡,
我把它拧了半天,准备拿出去晾干,
你们谁也不会想到,
它居然会缩水,
现在它竟然
比我还小。

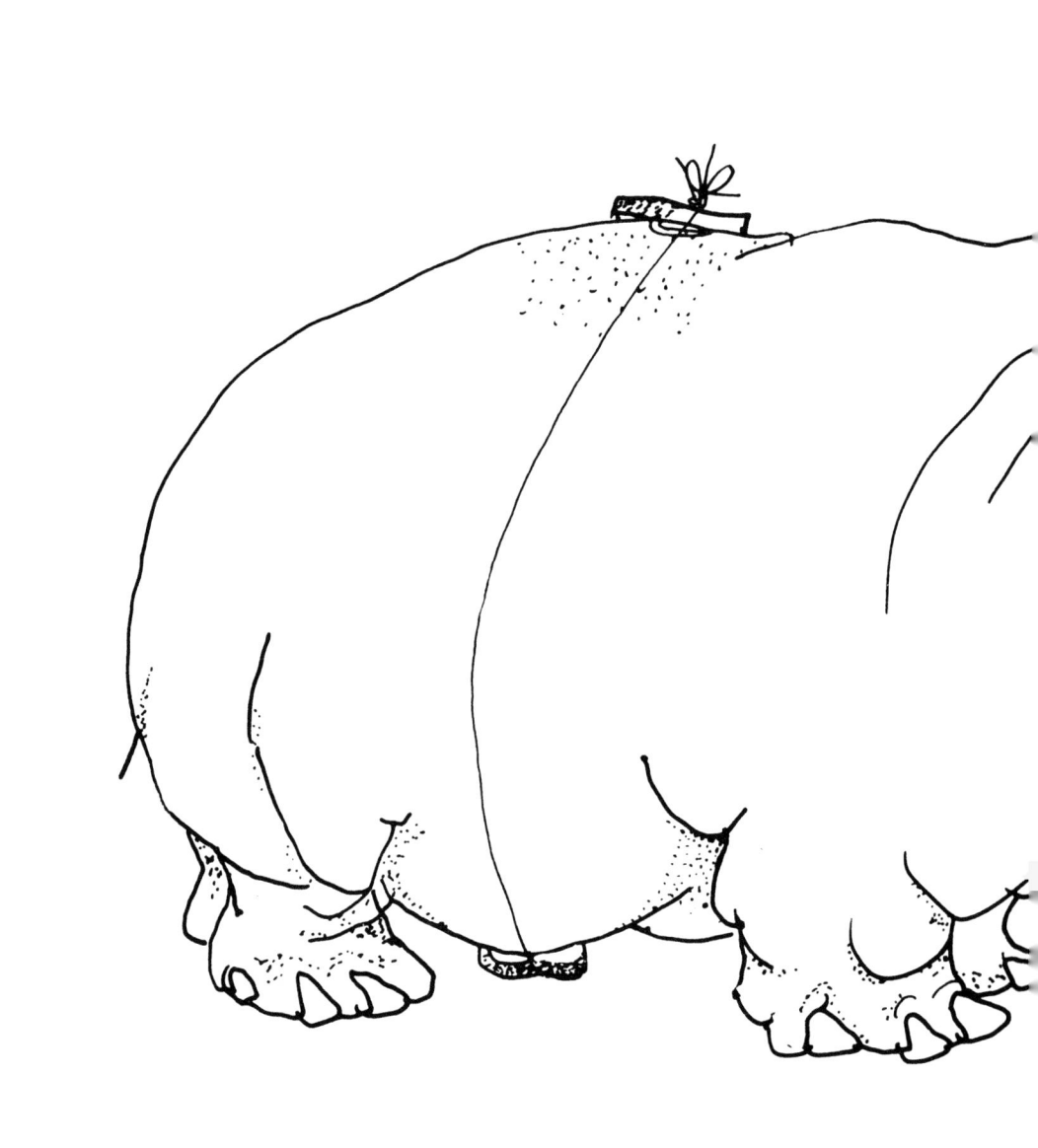

河马三明治的配方

河马三明治很容易做好。
你只需要
一片面包,
一块蛋糕,
一些蛋黄酱,
一个洋葱圈,
一只河马,
一段细绳,
一点胡椒——
这就应该很美妙。
可现在的问题很重要……
应该从哪里下嘴咬?

十八种口味

十八种香甜诱人的口味——
巧克力，酸橙和草莓，
南瓜，香蕉和咖啡，
焦糖牛奶还有波森梅，
坚果冰激凌，烤杏仁，
香草汁，奶油咸味糖果。
奶油砖，苹果浪，
椰子外加摩卡咖啡，
桃子白兰地，柠檬蛋羹，
每一勺都是那么爽滑甜美，
这甜筒冰激凌可是全城之最，
如今它却躺在了地上……啧啧——

可怜的安古

可怜的安古,你会怎么办,
当你饿得要哭出来?
"我会给自己做个煎蛋,
用天上飘着的云彩。"

可怜的安古,你有什么衣服穿,
当狂风呼啸着吹过荒山?
"我会给自己缝一件温暖的斗篷,
用满心的希望和美丽的水仙。"

可怜的安古,你将把谁来爱恋
当凯瑟琳从那荒野走远?
"啊,只有在那个时候,
我会觉得自己真是个穷光蛋。"

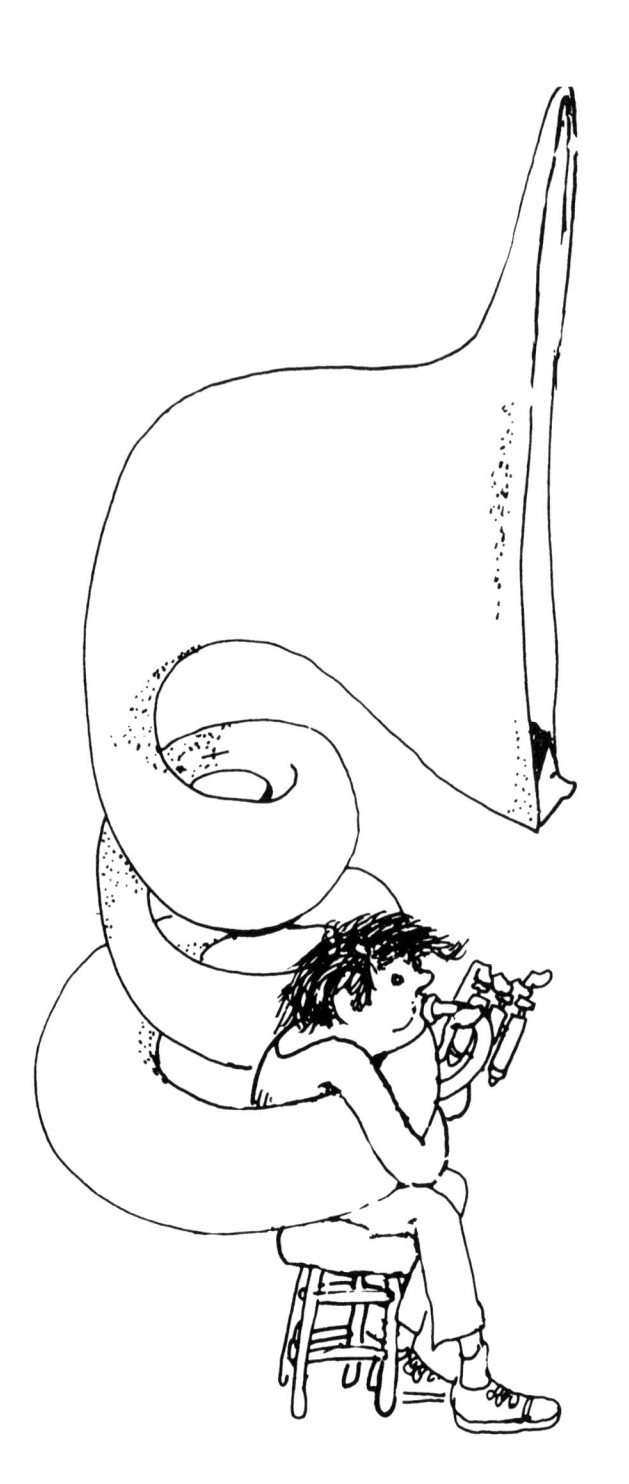

今天很累

今天很累,
哦,今天很累。
我的小弟弟跑丢了,
我的大号又不能吹。
我虽然只有八岁
可头发却开始变灰,
哦,今天很累,
哦,今天很累。

妈妈和上帝

上帝给了我们手指——妈妈说:"用叉子。"
上帝给了我们声音——妈妈说:"别大声。"
上帝给的枫糖冰激凌是那么香甜,
妈妈却让我们吃花椰菜,胡萝卜和麦片。

上帝给了我们手指——妈妈说:"用手绢。"
上帝给了我们水坑——妈妈说:"别乱溅。"
上帝给了我们易拉罐盖子可以乱踩,
妈妈却说:"爸爸正在睡觉,安静点。"

上帝给了我们手指——妈妈说:"戴上手套。"
上帝给了我们雨点——妈妈说:"别挨浇。"
妈妈让我们小心点,不要和上帝给我们的
那些奇怪的、可爱的狗狗打闹。

上帝给了我们手指——妈妈说:"把它们洗干净。"
上帝给了我们煤箱——我们可以在里面弄得很脏。
我没有很高的智商,但有一点可以确定——
不是妈妈犯了错误,就是上帝精神失常。

叮咣

我是铁路施工队长老巴尼仓,
我的哥们儿叫查理·欧弗朗。
那些固定铁轨的铁钉,
我要把它们扶好,
查理用锤子把它们钉牢。
在大多数情况下,
查理做得很好,
但有的时候他也会做得很糟。
也许明天该由查理把它们扶好,
而我来把它们钉牢。

红绿灯

那不变绿的红绿灯
让人们只好停下来久等。
天色慢慢变暗变晚,只剩
川流不息的车子,还有刺骨的寒风。

"嘀嘀——呜呜",卡车、拖车、
自行车,还有豪华大轿车,
都在"喀喇喀喇"地开过——
天哪!难道那灯就不会变绿吗?

一天过去了,一周过去了,一月过去了,
他们还空等在那角落,
摆弄着手指等那红灯变绿,
有风度的人就该这么做。

如果你现在路过那街口,
恐怕会觉得很蹊跷,
看到他们满怀希望地凝视着,
相同的脸上带着相同的微笑,
耐心地站在相同的地方,
等着那绿灯变亮。

煮我

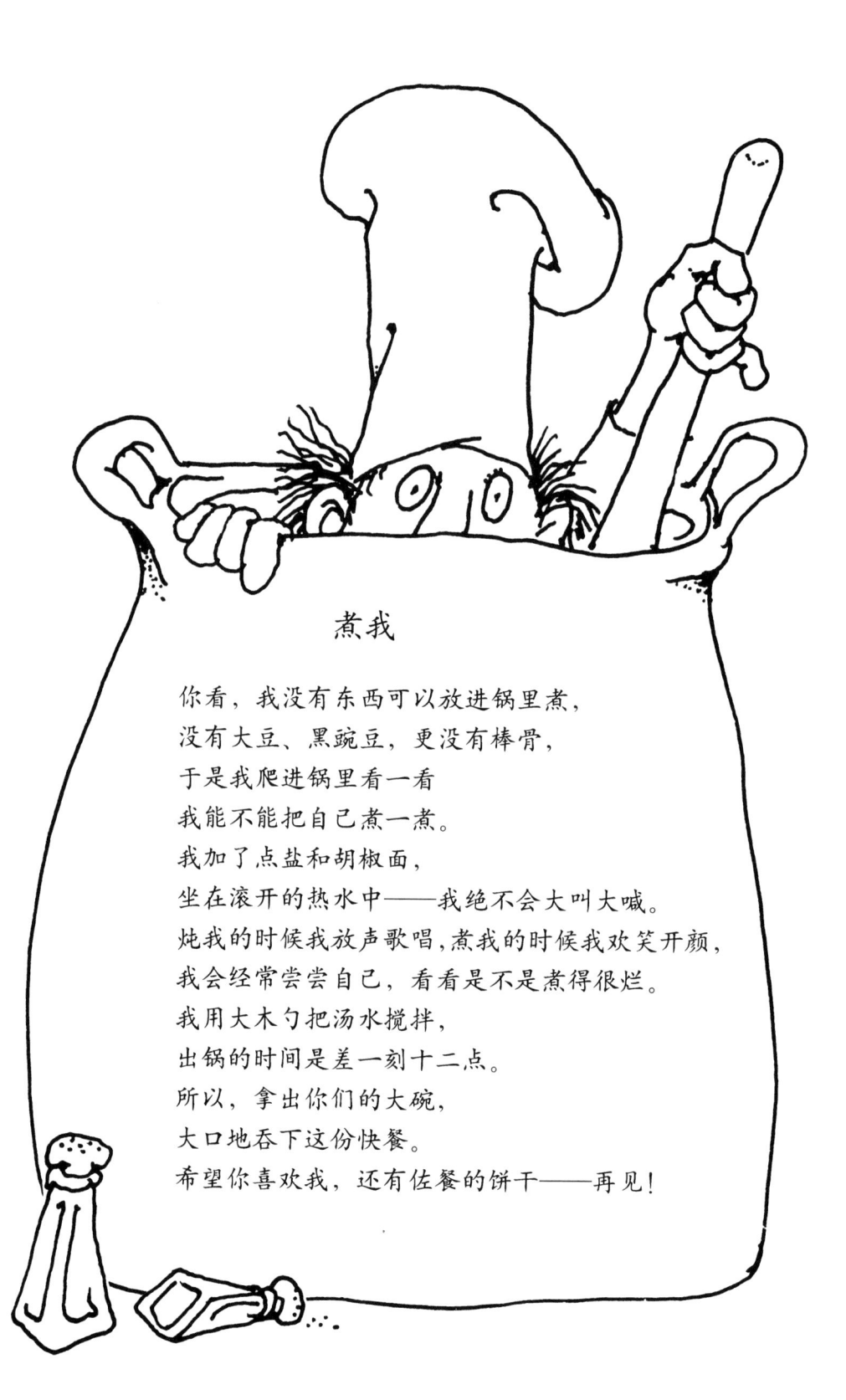

你看，我没有东西可以放进锅里煮，
没有大豆、黑豌豆，更没有棒骨，
于是我爬进锅里看一看
我能不能把自己煮一煮。
我加了点盐和胡椒面，
坐在滚开的热水中——我绝不会大叫大喊。
炖我的时候我放声歌唱，煮我的时候我欢笑开颜，
我会经常尝尝自己，看看是不是煮得很烂。
我用大木勺把汤水搅拌，
出锅的时间是差一刻十二点。
所以，拿出你们的大碗，
大口地吞下这份快餐。
希望你喜欢我，还有佐餐的饼干——再见！

双尾狗

前后都长着尾巴的狗你会不会买?
它真算得上全城最怪。
尽管它要去哪里
它自己也不太明白,
它还是非常善于坐下来。

它没有地方可以戴项圈,
我承认领它走路比较困难,
因为它没有耳朵,
你说的话它不可能听见,
不过喂它食物不用花一分钱。

它不咬人,也不乱叫唤,
你揪揪它的尾巴它就很愉快。
不过你带它出去遛的次数
要比别的狗多上一倍,
是什么原因你会很快猜出来。

保罗·班扬

他骑着蓝色的大公牛穿过林场,
他的拳头和案板一样强壮。
身高九英尺,体重五百磅,这就是保罗·班扬。

说到干活,他把斧子挥得呼呼响,
你在一英里半外就能听到。
他只要大喊"树木",它就会应声而倒,这就是保罗·班扬。

说到喝水,他可真难伺候,
他唯一的饮料就是柴油。
五加仑的油桶有点太小……因为他是保罗·班扬。

说到打架,一天晚上,
他和暴风雨进行了格斗。
不好说到底谁赢了,
但是从此……这里再也没有风暴,多亏了保罗。

他说他年过九十,叹气一口,
"我想我马上该躺下死掉。
因为阳光和悲伤,我全都见过。"保罗说。

"世上没有男人能杀掉我,
也没有女人能让我激动。
天堂不过是场舞会……对我来说。"保罗说。

他死了……我们哭了。

十八个人把土地挖开,
二十四个人把他放进坑来。
我们动手把他掩埋,我们想,保罗会就此离开。

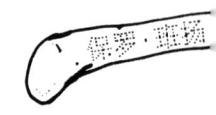

但一天晚上，树木开始摇摆，
狗们叫着，大地好像要裂开，
保罗喊着"嗨，你们好啊"从地底下钻了出来。

他甩掉衣服上的尘土，
擦擦鼻子，挠挠屁股。
"你们知道，死去并不好玩啊……"保罗向我们诉苦。

"在天堂里，美丽的竖琴放在他们的膝盖上，
他们有云朵，有翅膀，却没有树。
我觉得这样的地方算不得天堂……"保罗说。

他说了声"永别"就向老牛背上跳，
他说："地狱里有没有树，我要去瞧瞧。"
他越骑越远，从此……我们再也没把保罗见到。

可下次你再听到一声大叫"树木"，
这声音仿佛是从地狱传出——
然后是一声古怪可怕的啼哭，
就像魔鬼的尾巴被砍了一斧，
一声大叫，一声断裂，一声倒掉，
这绝不是什么死人……这是保罗的灵魂。

会跳舞的裤子

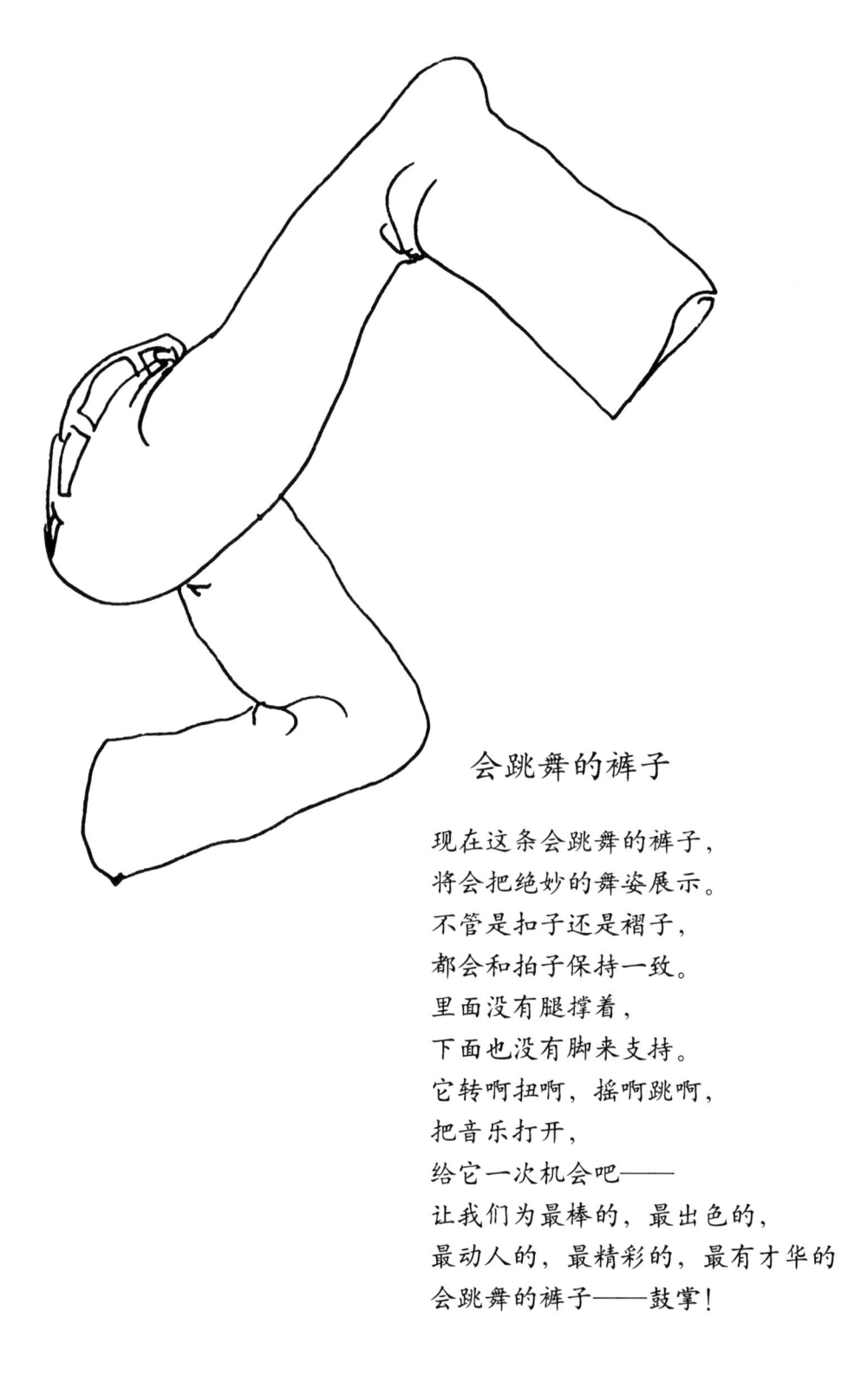

现在这条会跳舞的裤子，
将会把绝妙的舞姿展示。
不管是扣子还是褶子，
都会和拍子保持一致。
里面没有腿撑着，
下面也没有脚来支持。
它转啊扭啊，摇啊跳啊，
把音乐打开，
给它一次机会吧——
让我们为最棒的，最出色的，
最动人的，最精彩的，最有才华的
会跳舞的裤子——鼓掌！

我就是不出去!

哦,我是住在蛋壳里的小鸡,
但我就是不出去,就是不出去。
母鸡们咯咯叫,公鸡说:"求求你!"
但我就是不出去,就是不出去。
我听说外面有战争和污染,
人们在叫喊,飞机在盘旋。
所以我待在这里,安全又温暖,
我就是不出去!

他嘴里含满食物

米尔福德·度普，虽然他知道这样很粗鲁，
说话时嘴里总是含满食物。
他从不打嗝，也不光着身子出去散步，
可他说话时嘴里总是含满食物。
他妈妈说："这样很无礼，度普，
你说话时嘴里总是含满食物。
即使是那哞哞叫的奶牛，
叫的时候嘴里也不会含满食物。
如果布谷鸟嘴里含满食物，
它就不能叫出'布谷布谷'。"
他爸爸说："结婚也好文身也好，
可说话时嘴里不要含满食物。
如果这是犯罪，你一定会被起诉，
如果你说话时嘴里含满食物。
哦，你像该被关进笼子的动物，
因为你说话时嘴里含满食物。
你知道，我们被你弄得发怒，
因为你说话时嘴里含满食物。"
他们哀求得好苦，他却咯咯大笑嘴里大嚼，
笑的时候嘴里也含满食物。
不管别人怎么劝，他只是叫着"噗噗"，
他"噗噗"叫着，嘴里含满了食物。
他们拿来了胶水把他的嘴巴粘住，
因为他说话时嘴里含满食物。
现在他不说"早晨好"而说"祖痕虎，
五书户时五祖里无户再浑暖熟物。"

我的爱好

当你往下吐了一口痰,从那高高的二十六楼上,
它在微风中飘荡,最后落在地面上。
它会不会落在帽子上?
还是落在白波斯猫的身上?
还是"吧嗒"一声落在人们的头上?
我过去觉得生活没意思,
现在我可不这样想,
当我数数多少人被痰击中,
当我坐在那里笑声嘹亮。
当我往下吐了一口痰,从那高高的二十六楼上。

用法说明

如果你真想
给一只犰狳洗澡,
那么要把一块肥皂,
一大堆希望,
和七十二张肥皂纸巾用掉。

最糟糕的事情

在唱着这支恐怖、血腥、
令人发指的歌曲的时候,
我觉得我有义务提醒你,
那只世界上最凶猛的野兽:
三千磅重、九英尺高的——
吃人不眨眼的怪兽——
它现在就站在你的身后。

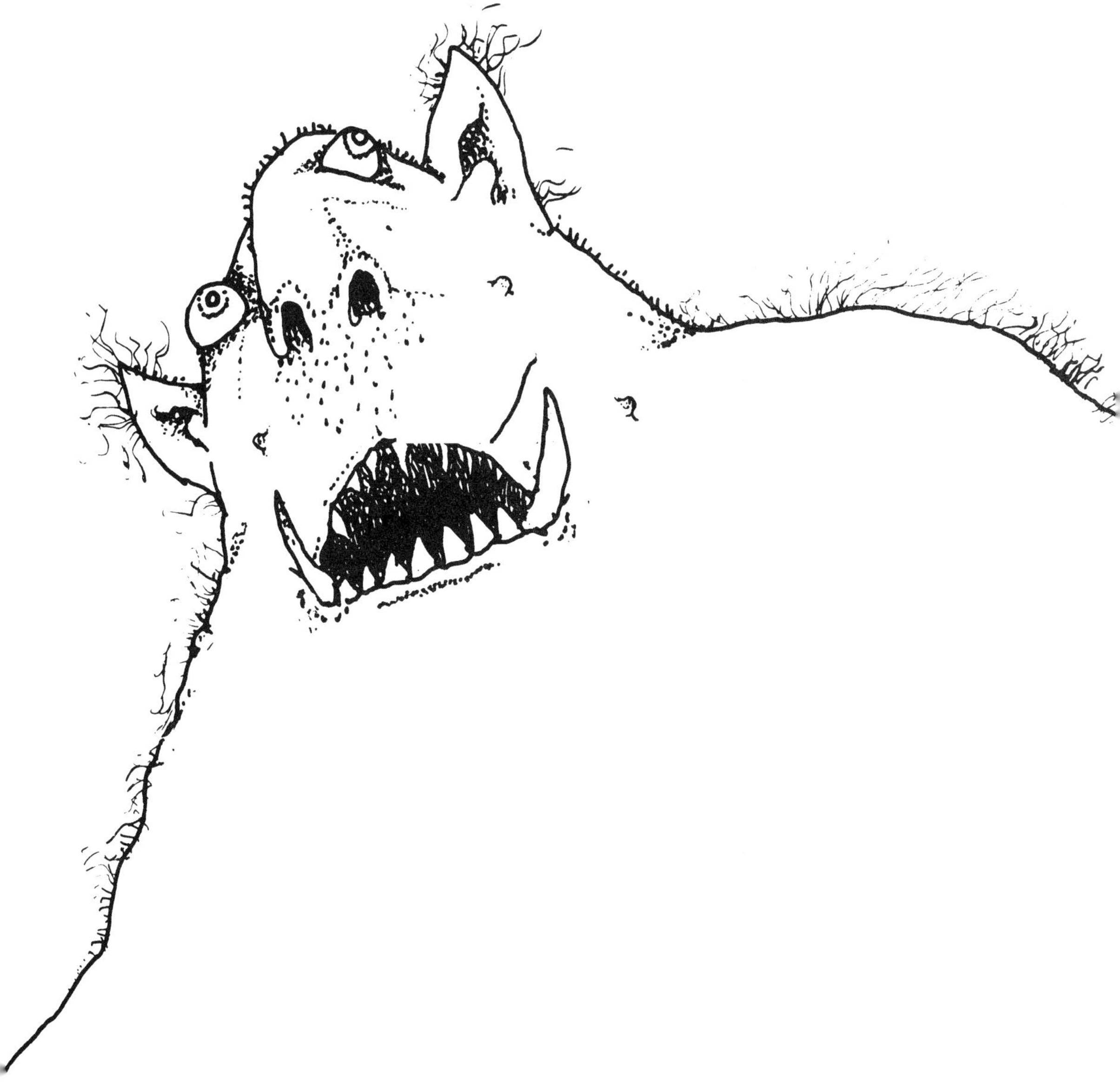

那风笛从不说"不"

那是午夜九点,要不然就是三点半,
海龟遇到了风笛,在那海岸上面。
海龟说:"亲爱的,我累了。
我能不能坐在你的身边?"
那风笛没有说"不"。

海龟对风笛说:"我在这岸上孤独地走过,
我与海浪和石子聊过——但我从来没爱过。
今天,亲爱的,你能否嫁给我?
亲爱的,你是不是要说'不'?"
可那风笛没有说"不"。

海龟对它的爱人说:"请原谅我对你如此注目,
你有苏格兰彩格呢的皮肤,
你的头发是如此奇妙。
我求求你,我的爱,
我能否给你一个拥抱?"
那风笛没有说"不"。

海龟对风笛说:"啊,你爱我。
那么就大胆地向我吐露心声!
我要在你美丽的耳边倾诉,还要把你抱入怀中!"
它拥抱了它,是那么地脉脉含情,
风笛却说:"嗷,嘎!"

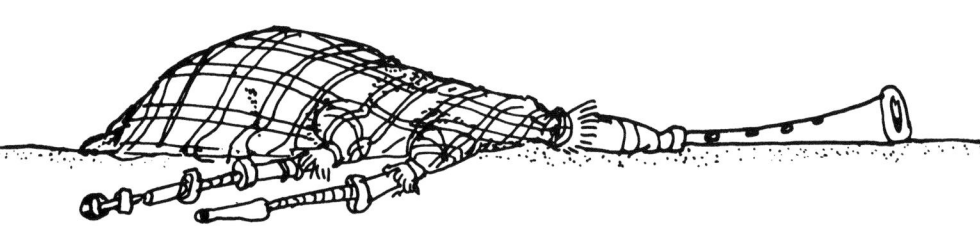

海龟对风笛说:"你刚才是否发出叫声?
'嗷,嘎'的声音对我来说是如此无情。
我刚才是不是把你冒犯?
我们的爱情是否到达了终点?"
那风笛没有说"不"。

海龟对风笛说:"我是否该离开你,我的爱妻?
我是否该走出你的生活,继续痛苦?
亲爱的,我是否该就这样离去——
哦,我求求你说'不'!"
可那风笛没有说"不"。

于是海龟哭着,慢慢走开,它从此再也没有回来。
风笛仍然躺在那松软的海边。
在某个退潮的夜晚,
当你走过去说声"你好",
有礼貌地问问风笛,故事的经过是否如此。
那风笛决不会说"不"——我向你保证,我的孩子。

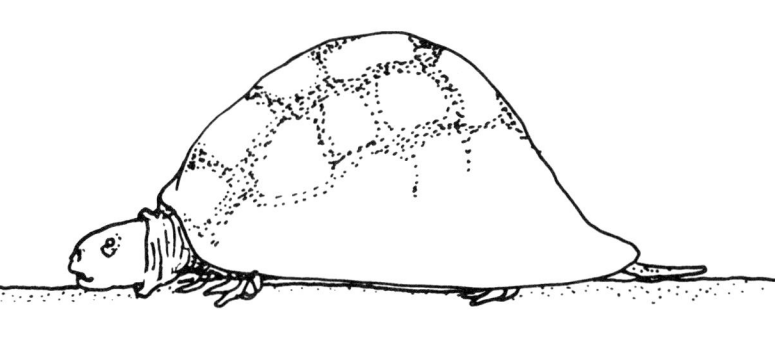

贝丝蒂·布鲁·邦尼特小姐

鲁迪·费舍

鲁迪·费舍
比其他任何人
更会打嗝。
玛格说过，世界上最讨厌的孩子
就是鲁迪·费舍。
他迟早要下地狱、进监狱，
或是到加拿大干活。
可现在每天晚上我都盼着
鲁迪·费舍教我怎么打嗝。

子长度世界第一,她允许我在上面写东西。

弗莱德？

一只两栖动物
从那寒冷的加勒比海
爬到利比亚大沙漠,
我们该叫它"弗莱德"。
你觉得它应该叫"泰德"?
还是"鲁"或者"杰德"?
可我想叫它"弗莱德"!
你觉得"毛瑞斯"更符合?
要不然"巴那比"或者"瑞德"?
要不然"卢西佛"或者"奈德"?
嗯,它已经死掉了,不管怎么说。

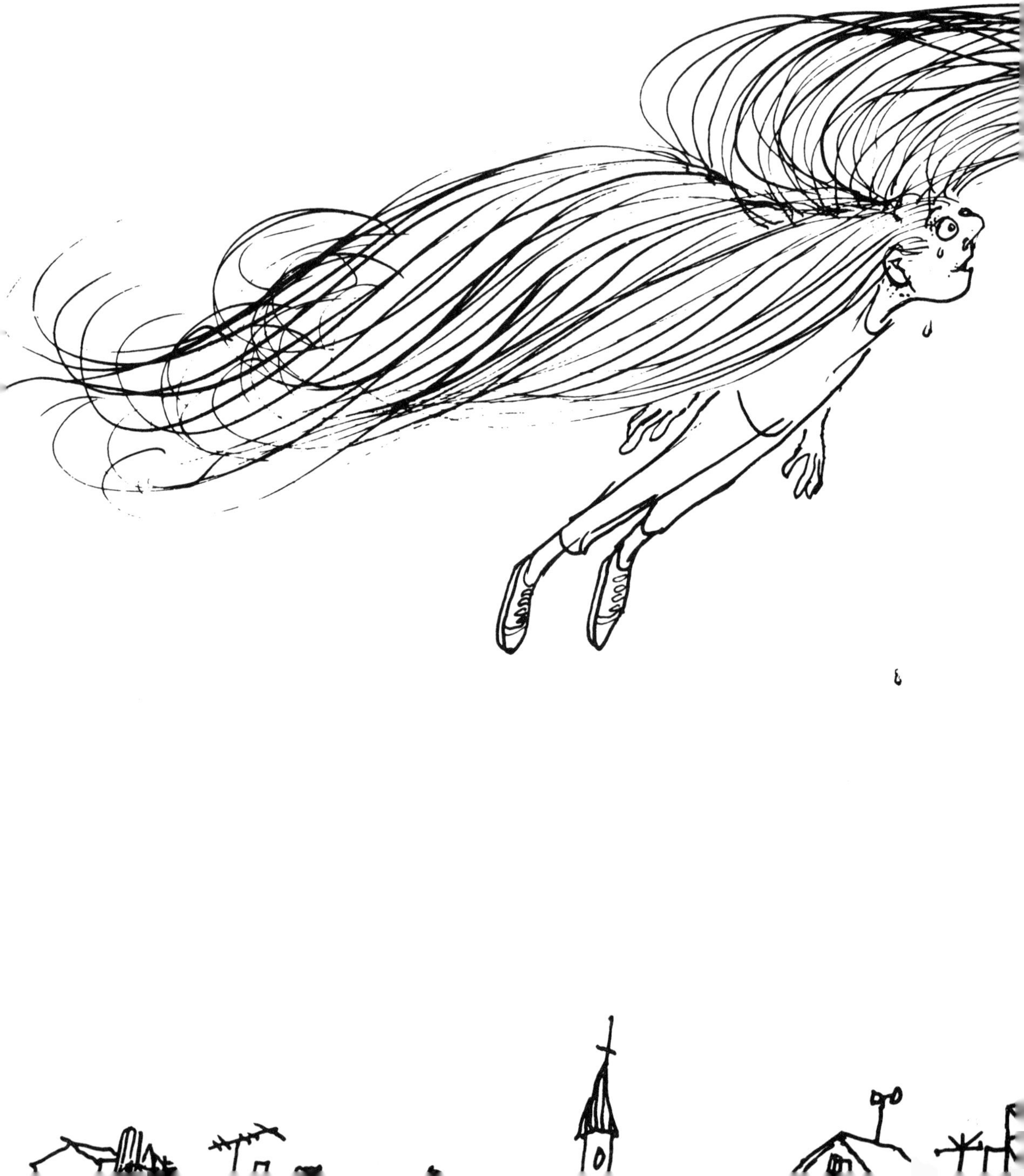

长头发的男孩

在我们的小镇上，有个男孩头发很长——
不骗你，他的头发真的很长——
于是人们对他指指点点，
冷嘲热讽，
还开他的玩笑。
当他从街上走过，
人们就会嗷嗷大叫，
他们做着鬼脸，
还伸着长长的舌头，
他们"砰"的一声关上门，
从窗子里冲他大吼，
直到他再也不能忍受。
于是他坐在地上大哭
他的全身都在颤抖，
不久他的头发也开始颤抖，
头发拍呀
拍呀——
他离开了地面——
他像直升机一样

向天空飞走——
珍妮·里克扔下她的针线包，
"看哪，那男孩会飞！"她大叫。
卢奇·哈斯廷跑到
老爷车下面藏猫猫，
泰伦丝小姐吓得晕倒，
亨利·奎斯特开了一枪，可他并没有打着——
他说："他一定是只乌鸦，不祥的征兆。"
他在天空飞呀飞呀飞了一天，
脸上带着奇怪的微笑，
他的长发在空中飘，
太阳在他眼中照耀。
我们见他冲向河岸却又飞高。
他扫过大树的顶端，
掠过野比家门前的青草，
他差点撞上汉森家的地窖，
可他及时躲开，又差点把
法庭的大楼撞到。
老头库里正要张嘴
把那餐巾纸来咬，
却看见一个男孩飞着从厨房门逃跑——
他飞出窗子，踩着梯子——

斯莫基正在那里画画，
差点吓出心脏病——只好把橡子紧紧抱。
男孩继续在空中飞翔，
我们在他后面跟着跑，
欢呼、流汗，
"万岁！"我们大喊。
劳瑞市长大叫："嘿——下来吧，孩子。你要知道
我们今天多么为你自豪。
小城里出了你这样的英雄，
过去谁能够想到？
孩子，只要你肯下来，
我将把今天向大家宣告。"
会飞的男孩并没有下降。
他慢慢飞过小城的上方，
他流着眼泪向下张望，
看见我们还站在地上。
然后他就向天空飞翔，飞得那么高，钻进了云彩，
拍打着他的头发翅膀，
他越过了山峰，一心向上。
直到他变成一个小小的黑点，
撞向太阳——然后，他就……消失在了远方。

创可贴

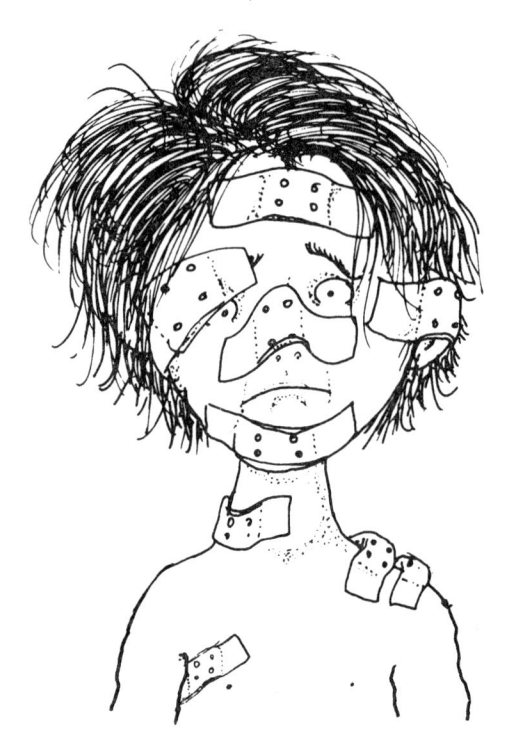

我指头上贴了个创可贴，
膝盖上有一个，鼻子上有一个，
脚跟上有一个，肩膀上有两个，
臂肘上有三个，脚趾上有九个，
腕子上有两个，脚踝上有一个，
下巴上有一个，大腿上有一个，
肚皮上有四个，屁股上有五个，
额头上有一个，眼睛上有一个，
脖子上有一个，为了预防不测
盒子里还有三十五个。
可是……哦！我总觉得有点可惜，
全身上下，伤口却没有一个！

恐怖

有人吃掉了那宝贝儿，
这真是令人伤悲。
有人吃掉了那宝贝儿，
她从此不能出来玩儿。
  我们再也听不见她哭，
  也不用管她身上是否干爽。
  我们再也听不见她问"为什么"，
  有人吃掉了那宝贝儿。

有人吃掉了那宝贝儿，
这是毫无疑问。
有人吃掉了那宝贝儿，
因为她不在那里大睡。
  我们送掉了她的衣服和玩具，
  我们再也不用把她的鼻涕擦去。
  爸爸说："顺其自然吧。"
  有人吃掉了那宝贝儿。

有人把那宝贝儿吃掉，
想想都令人吓得发毛！
有人吃掉了那宝贝儿，
虽然她不是那么美味。
  警察至今没有线索，
  罪犯真是没心没肺。
  我就是不敢想象，
  到底是谁（打嗝）吃了那宝贝儿。

皮包骨头

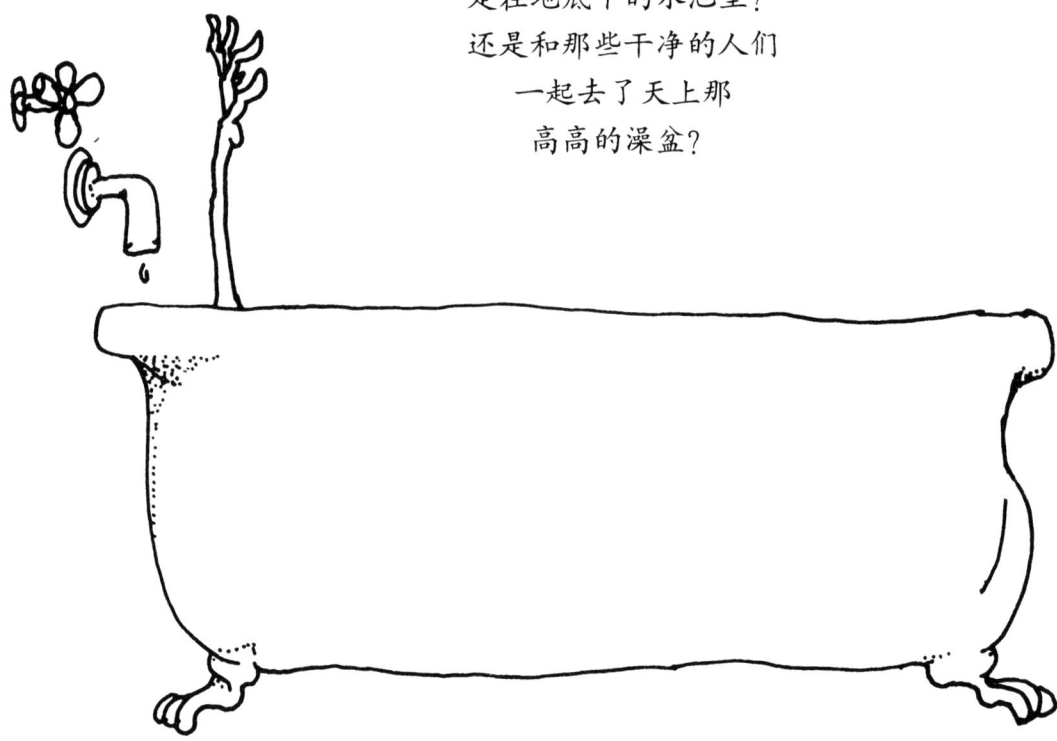

麦金皮包骨头
竟然是那么瘦
他星期天晚上洗澡,
浴缸塞子却往外一跳
"呼噜呼噜……呼噜呼噜"
"咕噜咕噜……咕噜咕噜"
皮包骨头麦金
被冲进了下水道
再也找不到。
可爱的皮包骨头
你今晚会在哪里洗澡?
是在地底下的水池里?
还是和那些干净的人们
一起去了天上那
高高的澡盆?

欢乐之地

你去没去过"欢乐之地"?
那里所有人都满心欢喜,
他们成天玩笑打趣,
还唱着最快乐的歌曲。
一切事物都那么美好,
"欢乐之地"没有烦恼。
那里整天充满欢笑。
我也曾经去过那里——
真是无聊!

海盗船长吉姆

"从甲板上走过。"海盗吉姆说。
"可是,吉姆船长,我不会游泳。"
"那好,穿过狂风时你要掌舵。"
"可是,吉姆船长,我不会掌舵。"
"那么,你必须到下面去划船。"
"可是,吉姆船长,我不会划船。"
"那么,你必须做海盗秘书的工作。"
"可是,吉姆船长,我不会工作。"
"那么,你必须来把船长做。"
"谢谢你,吉姆。"船长——我说。

鱼？

小鱼吃小小鱼，
大鱼吃小鱼——
所以只有最大的鱼会长胖。
你听没听过这样的故事？

如果这世界发了疯

如果这世界发了疯,你猜我会吃些什么?
一大块清汤,一升炖肉,
还有一块柠檬汁三明治,
烤冰激凌,自行车馅饼,
笔记本沙拉,外加一件烤内衣,
帽子煎蛋,香脆牛皮纸。
一杯麦芽牛奶——原料是菊花和铅笔。
如果这世界发了疯,这些就是我的美食。

如果这世界发了疯,你猜我会穿些什么?
我的衬衫是巧克力,我的领带是怡口莲,
我戴着软糖耳罩,脚下把甘草鞋穿,
然后把一张薄荷报纸认真阅览,
我管女孩叫"哈里"管男孩叫"苏珊",
我将用我的耳朵交谈,如果天边升起青烟,
我身边总会带一把纸伞,
这样我就会淋在雨中间,如果这世界变得疯癫。

如果这世界发了疯,你猜我会做些什么?
我徒步穿过大洋,在我的鞋子里游泳,
我在地里飞翔,蹦跳在天空中,
我在楼梯里洗澡,飞快地跑下浴桶,
当我和人见面,我说"再见,老乔",
当我和人告别,我说"老兄,你好"。
伟人们将会变懒变傻,
这样我就可以当国王……如果这世界发了疯。

神算的石头

我们怎么才能知道窗户已经打开啦?
扔块石头看看吧。
有响声吗?
没有——
哦,它开着呐。
再看看另外一扇……
哗啦!
原来它关着呐!

齐斯特

齐斯特来到学校说:
"该死,我又长了一个头。"
老师说:"你早就该知道,
你该说'一头'而不是'一个头'。"

银色的鱼儿

我在蓝色的湖里垂钓,
捉到银色的鱼儿一条,
"孩子,"它开口对我说道,
"我会让你实现愿望,如果你把我放掉……
智慧的王国?金子的宫殿?
还是各式各样的糖果,只要你能想得到。"
我说"好",于是把它放掉,
它却游向远处,回头把我嘲笑,
让我那些愚蠢的梦想
被大海吞掉。
今天我又把那鱼儿捉到,
那银色的王子鱼一条,
它再一次向我承诺——
那些愿望是多么美好,
只要我肯把它放掉……
它的味道真好!

被忘记的语言

我曾经讲过花儿们的语言，
我曾经能听懂毛虫的闲谈，
我曾经偷听过星星的饶舌，
还在床上与苍蝇
　　　　大声争辩。
我曾经倾听并回答蟋蟀提出的
　　　所有问题，
我曾经与每片消融的雪花一起
　　　伤心地哭泣，
我曾经讲过花儿们的语言……
　　　如今它在哪里？
　　　如今它在哪里？

将军

雷将军对高将军说:
"难道我们一定要打这愚蠢的战争吗?
杀戮、死亡太令人难过。"
"我完全同意。"高将军说。

高将军对雷将军说:
"我们今天可以去大海畅游,
路上可以把冰激凌吃个够。"
"这主意真妙。"雷将军说。

雷将军对高将军说:
"我们在海滩上筑起沙城堡。"
高将军说:"让我们玩个够。"
雷将军说:"我们现在就走。"

高将军对雷将军说:
"可如果今天海边没开放,
如果沙滩被大水冲走?"
"这样可不好。"雷将军说。

高将军对雷将军说:
"我一直很怕大海的咆哮,
我们也许会被大水冲跑。"
"有可能啊,我现在全身发抖。"雷将军说。

雷将军对高将军说:
"我的游泳衣有点破。
我们还是继续打仗比较好。"
"我很同意。"高将军说。

于是将军雷打了将军高,
子弹乱飞大炮呼啸。
现在再也没有他们的故事,
无论是将军雷还是将军高。

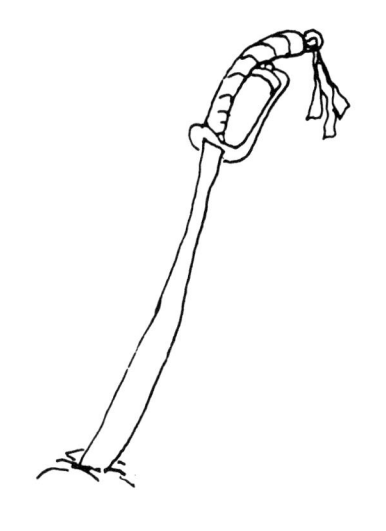

只爱我

可爱的玛丽,她只爱我一个。
(她还爱茅立斯·麦吉)
不,她不爱,她只爱我一个。
(她还爱路易斯·杜里)
不,她不爱,她只爱我一个。
(她还爱那多姿的柳树)
不,她不爱,她只爱我一个!
(可怜的傻瓜,你怎么看不到,
她爱别人的同时,也同样爱着你!)

站立

我用胳膊肘站立,
手指放在耳朵里,
嘴里咬着蒲公英花,
鼻子里哼哼唧唧,
眼睛看着那黄色的毛虫
爬上我的手臂。
我靠在树上
自己问自己:
"你这样做有什么意义?"

留下来的人

你肯定听见老爷爷在哭泣，
你肯定听见老奶奶在哭泣，
当那个陌生人举起魔笛，
把孩子们领向别处去。
梅格、鲍勃、凯蒂和汤米，
跟在后面满心欢喜，
红头发卢丝，罗伯——我的兄弟，
腿有点瘸的贝利，
约翰、尼尔丝、克莱尔表弟，
蹦蹦跳跳，转着圈子，
翻过大山，上帝才知道他们去了哪里——
他们再也没能回来，他们
翻过大山，上帝才知道他们去了哪里。
吹笛子的人那么神气，
领走了除了我的每个孩子——从小镇汉姆林，
我却坐在家里毫不在意。
爸爸说，我真的很神奇，
因为如果我听见那声音，
就会像其他人一样被施以魔力。
这小镇慢慢变老，和我一起。
我不能说我没听见
那回荡在脑海里的声音——
我听见了，听见了，听得很清晰……
我只不过是不敢跟他们一起去。

美琳达·梅

你有没有听说过瘦小的美琳达·梅
把一条大鲸鱼吃掉?
她想,她可以做到,
她说,她可以做到,
于是她从尾巴开始咬。

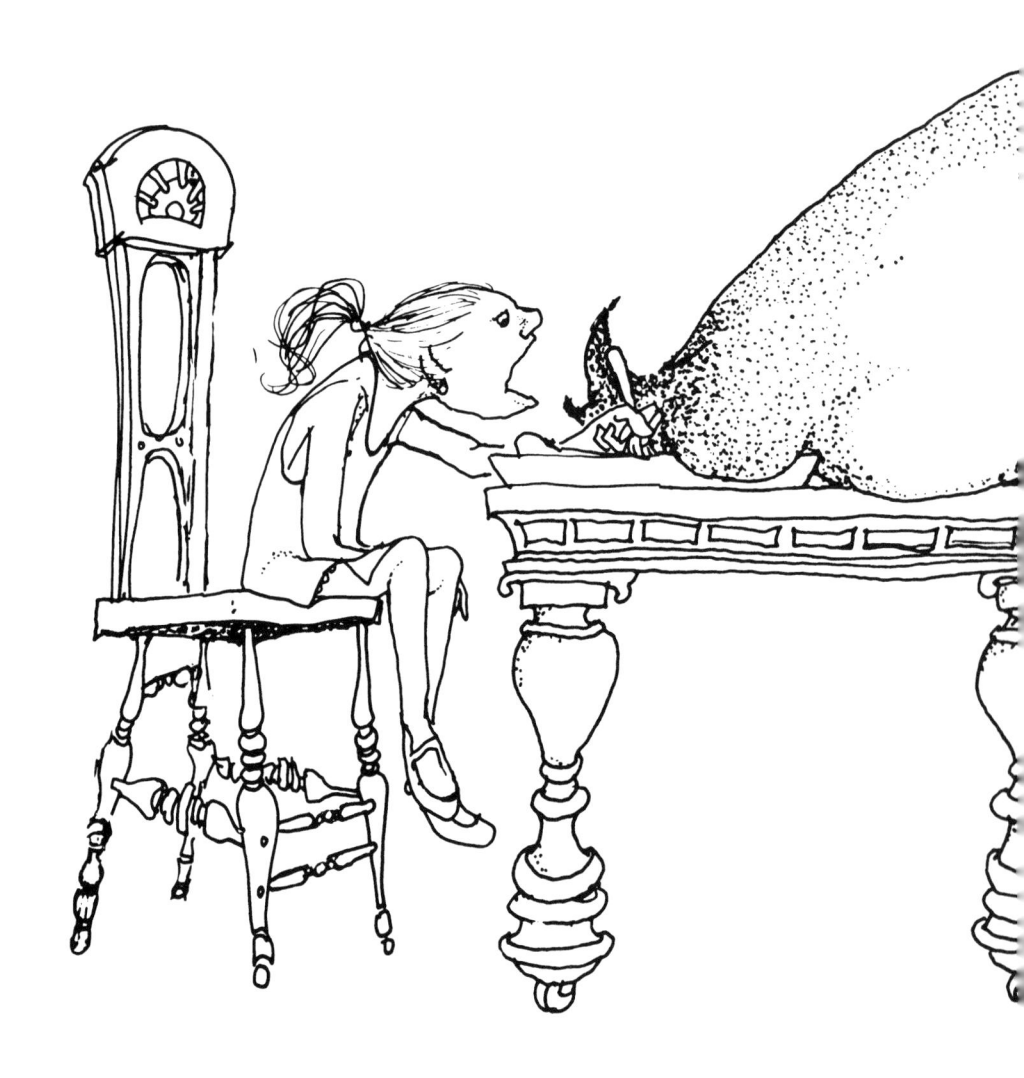

人们都说:"你真的太瘦小。"
可这些不能把美琳达阻挠。
她小口地咬,她慢慢地嚼,
没有把淑女的形象丢掉……

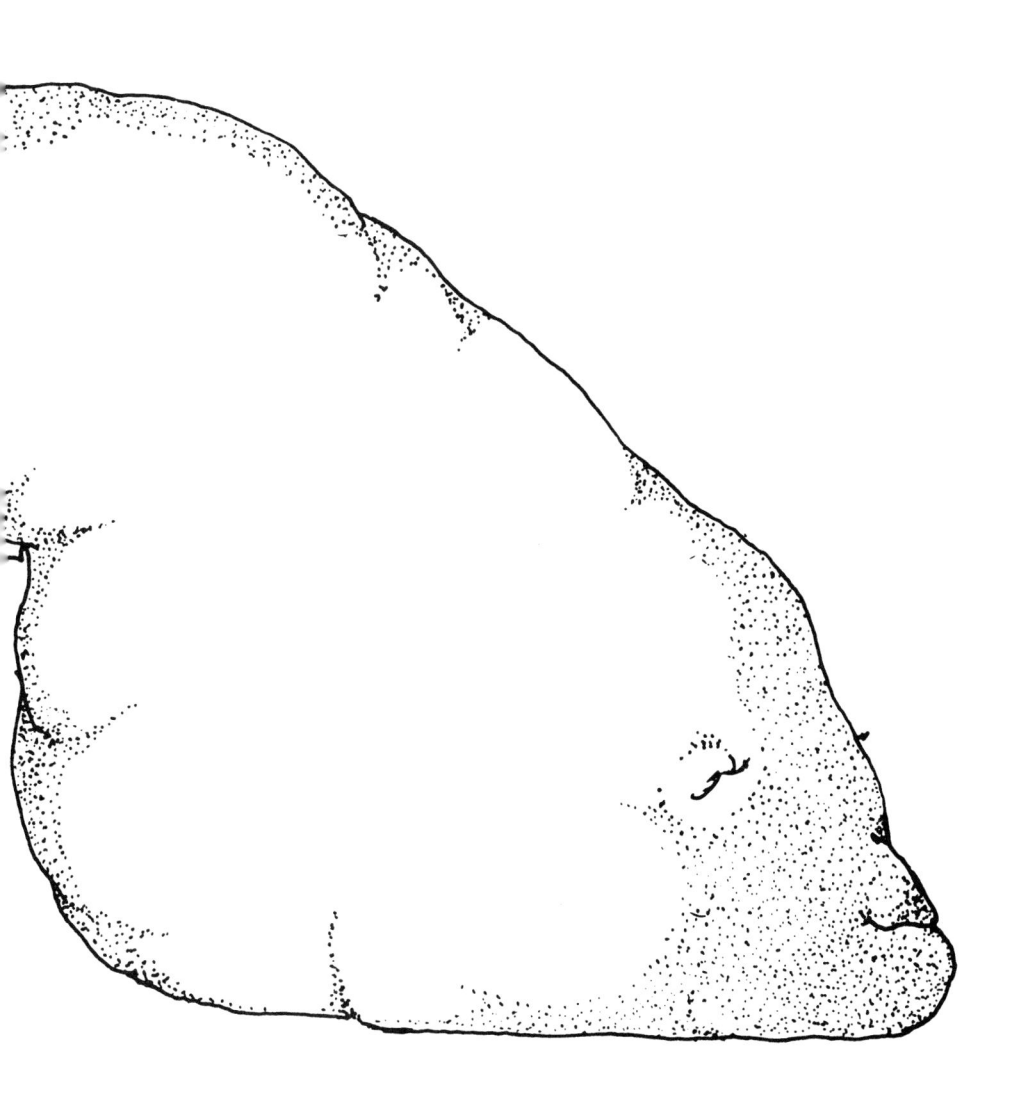

……八十九年过去了,她终于把那鲸鱼吃掉,因为她说过她可以做到!

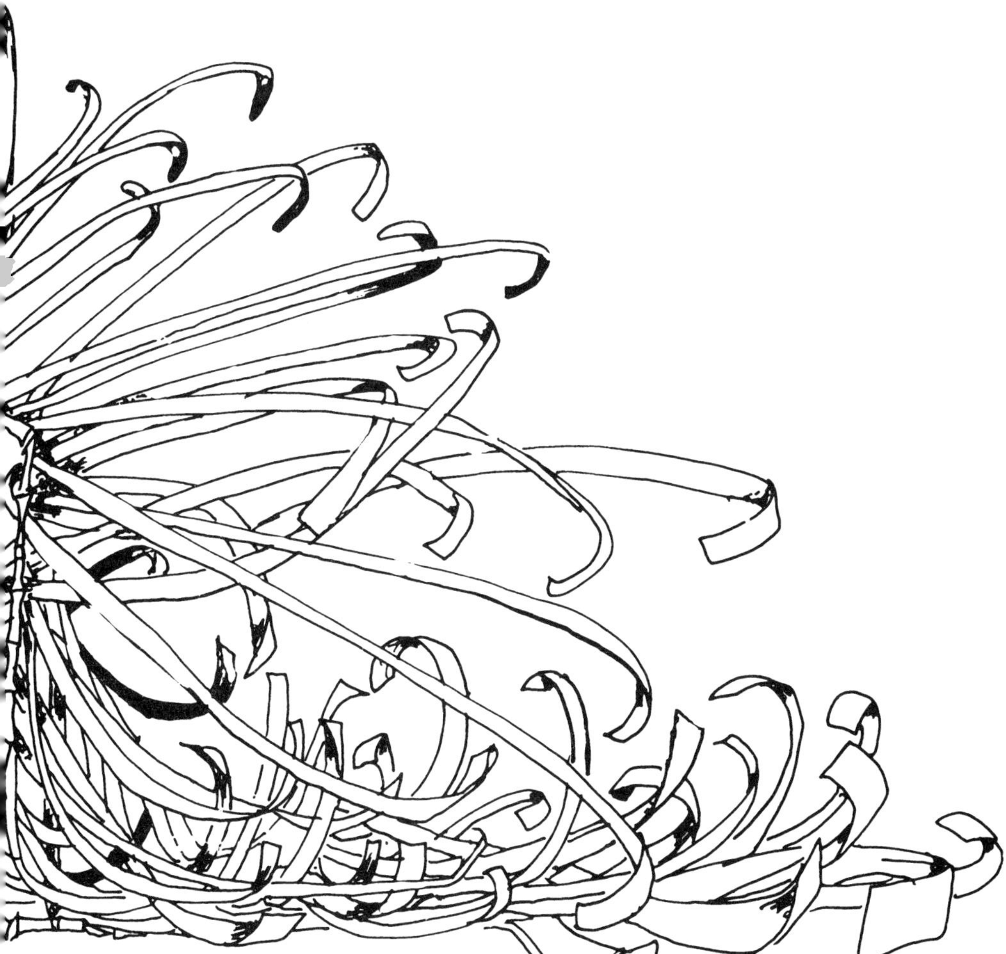

蓝色的小火车头

蓝色的小火车头往山上望。
它的汽笛不太响,它的灯光不太亮。
它又累又小,可山是那么高,
它涨红了脸轻轻说道:
"我觉得我能做到,能做到,能做到。"

于是它努力发动了自己,
它往山上开,用尽了全力。
它慢慢地爬着,一次一米,
它咳嗽着轻轻说道:
"我觉得我能做到,能做到,能做到。"

它尖叫着,喇叭嘟嘟响,
它努力着,充满了希望,
它不愿停下——现在它接近了山顶——
它骄傲地大声叫道:
"我觉得我能做到,能做到,能做到。"

它马上就要到达,可是——"哪!哗啦!"
它向下滑,撞上了一块大石头,
变成了一堆废铁……这说明,
如果路途艰险,山头很高,
不要轻易说:"我觉得我能做到!"

害怕黑暗

我是雷吉纳德·克拉坎,我最害怕黑暗,
所以我一直开着灯,
还把泰迪熊抱在身边。
我身上裹着毛毯,
指头也放在嘴里舔舔。
睡觉前要听三个故事,
还两次上厕所小便,
妈妈要给我五次拥抱,还要向上帝祈祷两次平安。
我是雷吉纳德·克拉坎,我最害怕黑暗,
所以不要合上书,它会挡住我的脸。

饿鬼芒格瑞

饿鬼芒格瑞在饭桌前坐下,
拿起他的刀子、勺子和餐叉。
他喝了一碗蘑菇汤,吃了一块烤猪排,
二十七个煎鸡蛋,还有西红柿一整打,
九个烤土豆,十五只大对虾,
三十二个鸡腿用油炸,
一大块火腿,一只烤羊腿,
两碗燕麦粥,一盘黑扁豆,
四大杯巧克力,八个大蛋糕,
九个布丁大馅饼,上面还抹着奶酪,
他喝了十壶茶水,
一切停当之后,
他把肉汤洒到桌布上
然后把整个桌子吃掉。

他的父母说:"哦,恶鬼芒格瑞,别开这样的傻玩笑。"
芒格瑞张开大嘴,"啊呜"一声把父母吞掉。
他出门吃掉了他的房屋,连同一大堆砖木,
然后,他又把他的邻居全部吃掉。
来了二十个警察愤怒地大叫:"不许胡闹!"
芒格瑞张开大嘴,"啊呜"一声把警察吞掉。
这时来了扛着机枪,开着坦克的军队,
他却说:"这奈何不了我芒格瑞!"
他微微一笑,舔了舔嘴,吞掉了美国的全部军队。

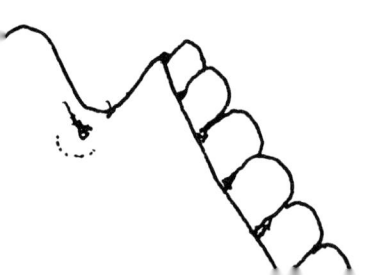

总统调来了所有的轰炸机——芒格瑞仍然无所谓，
他的脑袋往后一仰，咽下了飞机，吞掉了炸弹，
吃掉了小镇和城市——吃啊，吃啊，吃啊——
他说："我要把整个美国吞进我的胃！"

他先吞掉了大水塔，吃掉了芝加哥，
他又吃掉了匹兹堡，却发现又酸又臭。
他吃掉了纽约和田纳西，还有整个波士顿城堡。
他喝干了密西西比河水，只不过把牙缝儿溜溜。
他吃掉了所有的州，所有的男孩女孩，还有所有的狗狗。
他在袖子上擦擦嘴巴，准备吃掉整个地球。

他吃掉了埃及金字塔，还有罗马的每个教堂，
他吃掉了诺姆的冰块，还有非洲的青草。
他吃掉了巴西的山脉，还要把事情弄得更糟：
他下了决心，要把宇宙当点心吃掉。

他先吃掉了月亮和星星，
然后是天上的云朵。他把风儿吸进肚里，又一口把太阳吞掉。
他坐在阴冷的空气中，
开始啃他自己的双脚，
他的双腿，他的屁股，
他的脖子，他的嘴唇，
直到他在那里把牙齿咯咯乱咬，
因为再没有，再没有，
再没有，再没有
什么东西可供他吃掉。

我的胡子

我的胡子长到了脚面,
我再也不用把衣服穿,
我把我的胡子
围在身上取暖,
我现在还要把路赶。

快乐……

没人把袜子挂在枝头,
没人把馅饼烤熟,
没人抬起头看看
一颗新星出现在天边。
没人把礼物送出,
没人说什么情同手足,
没人会喜欢一棵
三月二十五日的圣诞树。

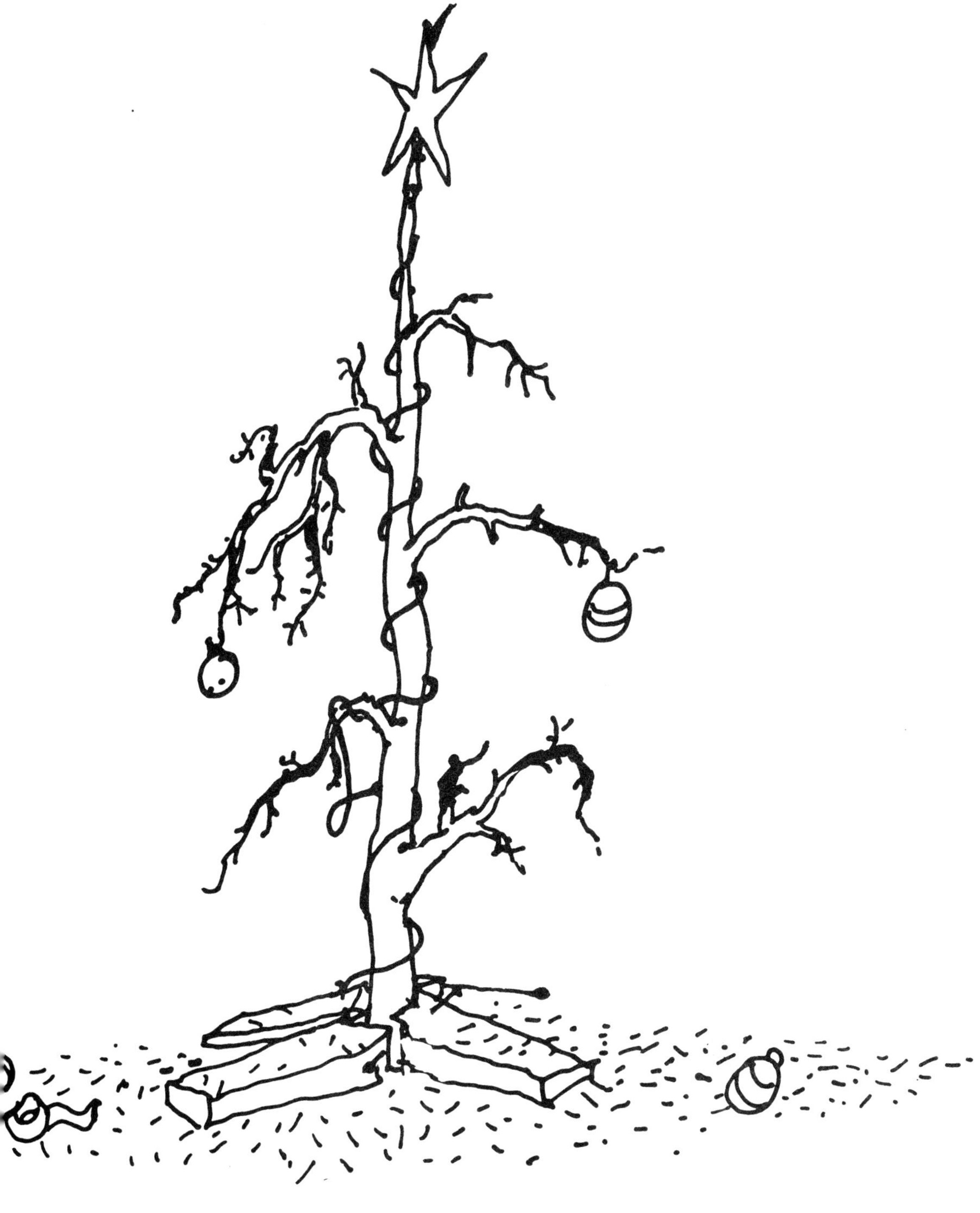

寻找

我要找的那罐金子,
正在彩虹的尽头等我。
我找啊,找啊,找啊,找啊,
找啊,找啊,结果——
它在这儿,深深地埋在草里,
在一根弯曲的老树枝下藏躲。
是我的了,是我的了,它最终属于我……
我现在该去找些什么?

索引

邀请 /9
杂耍演员 /10
魔法 /11
自制的小船 /12
我必须记得 /14
七月四日 /15
挠我,腌我,还有抠我 /16
虎钩船长 /18
拔河,还是拥抱? /19
这里很黑 /21
"我们"管弦乐队 /23
旗帜 /24
颜色 /24
丢了 /25
乔伊 /26
听听那些"不许"! /27
吉米·杰特和他的电视机 /28
早起的鸟 /30
天空调料 /31

农夫和王后 /32
煎饼 /34
聪明 /35
我们两个 /36
我正在列个清单 /37
我和我的巨人朋友 /38
雨点 /40
两个箱子 /41
真实的故事 /43
大蟒蛇 /45
收破烂的嗡嗡 /46
发明 /48
老怪来了! /50
卖啦 /52
睡觉的沙丁鱼 /54
一寸高 /55
走进这被遗弃的小屋 /56
病了! /58
楼上 /60

花园 /61
跳绳 /62
谁 /63
荒唐的罗丝 /63
人行道的尽头 /64
雪人 /65
牙疼的鳄鱼 /66
手指头 /68
野猪 /68
莱斯特 /69
萨拉·辛茜娅·茜尔维娅·丝道
　就是不愿把垃圾倒掉 /70
见鬼! /72
帽子 /74
我的规矩 /74
听说了吗? /75
警告 /75
独角兽 /76
树屋 /79
会飞的花彩 /80
都一样 /81
透明男孩 /82
帽子太紧啦! /83
花生黄油三明治 /84
懒懒的简 /87
地球的尽头 /89
圣诞老人和驯鹿 /90
巨嘴鸟 /92
火星 /93

LOVE——爱 /95
世界上最脏的人 /96
从它们的角度看一看 /98
魔术橡皮 /99
面 /100
帮助 /101
如果我有条雷龙 /103
本杰明·拜 /104
战斗 /105
小鱼米尼 /105
尾巴像剃刀的小鸟 /106
一首奔跑的长颈鹿脖子上的诗 /107
妖怪 /108
小怪物 /109
袋子里装了什么? /111
你是否愿意? /112
爱丽斯 /112
洗影子 /113
河马三明治的配方 /115
十八种口味 /116
可怜的安古 /117
今天很累 /118
妈妈和上帝 /119
叮咣 /120
红绿灯 /121
煮我 /122
双尾狗 /123
保罗·班扬 /124
会跳舞的裤子 /126

我就是不出去！/127
他嘴里含满食物/128
我的爱好/129
用法说明/129
最糟糕的事情/130
那风笛从不说"不"/132
长鼻子/134
鲁迪·费舍/134
弗莱德？/135
长头发的男孩/137
创可贴/140
恐怖/141
皮包骨头/142
欢乐之地/143
海盗船长吉姆/144
鱼？/145

如果这世界发了疯/146
神算的石头/147
齐斯特/147
银色的鱼儿/148
被忘记的语言/149
将军/150
只爱我/152
站立/152
留下来的人/153
美琳达·梅/154
蓝色的小火车头/158
害怕黑暗/159
饿鬼芒格瑞/160
我的胡子/163
快乐……/164
寻找/166

很多人为这本书付出了爱和辛劳：厄休拉·诺德斯特姆、芭芭拉·博瑞克、多萝西·哈根、贝瑞·格林伍德、格洛丽亚·布雷斯勒……还有比尔·科尔一直以来的鼓励……谢谢你们。

图书在版编目(CIP)数据

人行道的尽头/〔美〕希尔弗斯坦编绘；叶硕译.
—3版.—海口：南海出版公司，2012.4
ISBN 978-7-5442-5769-5

Ⅰ.①人… Ⅱ.①希…②叶… Ⅲ.①儿童文学—图画故事—美国—现代 Ⅳ.①I712.45

中国版本图书馆CIP数据核字(2012)第016006号

人行道的尽头

〔美〕谢尔·希尔弗斯坦 文·图
叶硕 译

出　　版	南海出版公司　(0898)66568511
	海口市海秀中路51号星华大厦五楼　邮编 570206
发　　行	新经典发行有限公司
	电话(010)68423599　邮箱 editor@readinglife.com
经　　销	新华书店
责任编辑	白佳丽
内文制作	王春雪
印　　刷	北京中科印刷有限公司
开　　本	720毫米×930毫米　1/16
印　　张	11.25
字　　数	55千
版　　次	2006年8月第1版　2010年2月第2版　2012年4月第3版
印　　次	2015年12月第7次印刷
书　　号	ISBN 978-7-5442-5769-5
定　　价	32.00元

版权所有，未经书面许可，不得转载、复制、翻印，违者必究。